unsere kleine
FARM

Unsere kleine Farm
Band 8

Laura Ingalls
Wilder

Almanzo und Laura

UEBERREUTER

Die Deutsche Bibliothek – CIP-Einheitsaufnahme

Wilder, Laura Ingalls:
Unsere kleine Farm / Laura Ingalls Wilder. – Wien : Ueberreuter
Bd. 8. Almanzo und Laura / [aus d. Amerikan.
von Eberhard Günther]. –

2002
ISBN 3-8000-2994-4

Aus dem Amerikanischen von Eberhard Günther
Originaltitel "The First Four Years"

Umschlagillustration von Dorothea Desmarowitz
Umschlaggestaltung von Zembsch' Werkstatt, München

Druck: Ueberreuter Print
1 3 5 7 6 4 2

Ueberreuter im Internet: www.ueberreuter.de

Inhalt

Einführung

Die Erzählung beginnt dort, wo das Buch »Lauras glückliche Jahre« endet. Sie berichtet von dem Kampf, den Laura und Almanzo Wilder in den ersten Jahren ihrer Ehe führen mussten, und ist das letzte Kapitel in der Geschichte von Lauras Kindheit und Jugendzeit. Allerdings gibt es noch einen Erlebnisbericht aus späterer Zeit. Er trägt den Titel »Auf dem Heimweg« und beruht auf dem Tagebuch, das Laura über die Abenteuer ihrer kleinen Familie führte, als diese im Jahre 1894 im Pferdewagen aus Dakota nach Missouri übersiedelte.

Das Manuskript von »Almanzo und Laura« fand sich unter Lauras nachgelassenen Papieren. Sie hatte es mit Bleistift in drei Schulhefte geschrieben, die sie für einen Nickel bei der Springfield Grocer Company gekauft hatte. Auch die erste Fassung ihrer früheren Bücher hat Laura in solche Hefte geschrieben.

Ich möchte annehmen, dass sie das Manuskript »Almanzo und Laura« in den späten vierziger Jahren unseres Jahrhunderts verfasst hat und dass sie die Lust, es zu überarbeiten und für den Druck fertig zu machen, nach dem Tod Almanzos verloren hat. Weil Laura das Manuskript also

nicht abschließend bearbeiten konnte, unterscheidet sich dieses Buch in der Erzählweise von ihren vorhergehenden Büchern.
Ein wichtiger Abschnitt dieses Berichtes beschäftigt sich mit der Geburt und Kindheit von Almanzos und Lauras Tochter Rose. Sie war mein bester Freund und Erzieher. Ich lernte Rose kennen, als ich ein Knabe war. Später wurde ich ihr Rechtsanwalt und stand ihr viele Jahre nahe. Sie übergab mir dieses Manuskript zur Aufbewahrung. Nach ihrem Tod im Jahre 1968 brachte ich das Manuskript zu ihrem Buchverlag Harper & Row in New York. Im Gedanken an die vielen jugendlichen und erwachsenen Leser der Laura-Bücher, die auch noch die weiteren Schicksale von Laura und ihrer Tochter Rose kennen möchten, kamen der Verlag und ich überein, dass Lauras Niederschrift in der gleichen Form gedruckt werden sollte, in der sie in ihren Schreibheften gegeben war.
Rose Wilder wurde eine bekannte Schriftstellerin, die Lauras Pioniergeist geerbt hatte und in Amerika und im Ausland viele Abenteuer erlebte. Sie schrieb faszinierende Bücher über ihr Heimatland und über ferne Länder, wie z. B. Albanien, die sie weithin bekannt machten. Aber Rose war in einer Zeit aufgewachsen, in der die Frauen nicht ruhmsüchtig waren. Es lag ihr mehr daran, Licht auf andere Leben zu werfen als auf ihr eigenes. Darum musste auch dieses Manuskript über ihren Vater, ihre Mutter und sie selbst liegen bleiben und durfte erst nach ihrem Tod veröffentlicht werden.
Rose, die später Rose Wilder Lane hieß, führte ein volles, tätiges Leben. Zuletzt arbeitete sie an einem noch unge-

druckten großen Werk und wurde im Jahre 1965, als sie 78 Jahre alt war, als Kriegskorrespondentin nach Vietnam gesandt! Sie las ständig und war über alles in der Welt besser unterrichtet als jeder andere Mensch, den ich kennen lernte. Mit 81 bereitete sie sich auf eine Weltreise vor, als ihr Herz in ihrem Heim in Connecticut, das sie 30 Jahre lang bewohnt hatte, plötzlich aufhörte zu schlagen. Noch in der Nacht zuvor führte sie eine lebhafte Unterhaltung mit Freunden, denen sie einen ihrer berühmten Kuchen gebacken hatte.

Was begab sich nach den Ereignissen, die hier in »Almanzo und Laura« geschildert werden – nachdem Laura, Almanzo und Rose im »Land der großen roten Äpfel« angelangt waren? Dort, in den Ozark-Bergen, erbaute Almanzo mit eigener Hand sorgfältig und durchdacht ein reizendes Landhaus, auf dem Grund, den Laura »Rocky Ridge Farm« benannte. Lange glückliche Jahre hindurch lebten und schafften die Wilders hier mit viel Erfolg. Almanzos Dasein endete im Jahre 1949 im Alter von 92 Jahren, Laura starb im Jahre 1957 mit 90 Jahren. Ihr Haus ist derb und solide gezimmert, als solle es ewig dauern. Wer nach Mansfield in Missouri kommt, kann dies glückliche Heim mit den in seinem Kaminfelsen versteinerten Fossilien, mit den von Almanzo gefertigten Möbeln und seinen Schätzen besichtigen. Pas Geige, Marys Harmonium, Lauras Nähkasten sind noch zu sehen. Die Hüter des Hauses kannten die Wilders gut, sie können noch von manchem Bericht geben, das in den Laura-Büchern nicht mitgeteilt wird.

Viele Menschen wünschen, es sollte noch mehr Laura-Bücher geben. Sie haben Laura in ihr Leben aufgenommen und fühlen, dass Lauras Charakter und fester Geist ihrem eigenen Leben zugute gekommen sind. Wenn es nun mit den vorliegenden Laura-Büchern sein Bewenden haben muss, sollten wir unsere eigene Lebensgeschichte so gestalten, dass sie der Geschichte Lauras würdig erscheint.

Virginia, Juli 1970
Roger Lea Mac Bride

Prolog

Die Sterne hingen leuchtend und niedrig über der Prärie. Ihr Licht hob die Hügelkämme aus der sanft dahinrollenden Ebene heraus, ihre niederen Züge und die Senken ließ es in tiefem Schatten.

Ein leichter zweispänniger Wagen, von einem Paar schnellfüßiger schwarzer Pferde gezogen, fuhr auf der Straße, die nur wie ein dünner Strich über das Grasland gezogen war. Das Wagenverdeck war heruntergelassen, die Sterne schienen milde auf den dunklen Schatten des Fahrers und die weißgekleidete Gestalt auf dem Nebensitz; die Wasser des Silbersees, der zwischen flachen, grasbewachsenen Ufern ruhte, strahlten das Licht der Sterne zurück. Die Nacht war voll vom starken, tauigen Duft der wilden Prärierosen, die dicht am Wegrand wuchsen.

Über das verhaltene Klopfen der Pferdehufe erhob sich eine zarte Altstimme im gleichen Rhythmus, in dem sich die Pferde, der Wagen und die schattigen Gestalten auf dem Strich der Straße bewegten. Es war, als lauschten die Sterne, die Rosen und Wasser auf die Stimme, so ruhig waren sie, und von ihnen erzählte auch der Gesang.

Im Sternenlicht, im Sternenlicht,
wenn der Tag schon naht,
wenn das süße Lied der Nachtigall
zum letzten Mal der Rose gilt –
in der klaren Sternennacht,
wenn sanft die Lüfte weh'n,
da werden wir vom Schlummer wach,
verlassen still das Haus und geh'n
dahin, wo silbern Wellen murmeln
am schilfigen Uferrand.
Dort woll'n wir wandern froh und frei
im Sternenlicht, im Sternenlicht.

Das erste Jahr

Es war ein heißer Nachmittag mit einem starken Wind aus Süden, aber auf der Dakotaprärie kümmerte sich im Jahr 1885 niemand um heißen Sonnenschein oder heftige Winde. Mit ihnen musste man rechnen, sie waren ein natürlicher Teil des Prärielebens. Und so schwangen die schnell dahintrabenden Pferde, die den sauber glänzenden Wagen mit dem schwarzen Verdeck zogen, um die Ecke von Piersons Scheune. Es war um vier Uhr an einem Montagnachmittag, als sie damit vom Ende der Hauptstraße auf den Landweg einbogen. Laura schaute eine halbe Meile entfernt aus einem Fenster der niedrigen Siedlerhütte mit ihren drei Zimmern heraus und sah sie kommen. Sie war damit beschäftigt, Batistfutter an das Mieder ihres neuen schwarzen Kaschmirkleides zu heften, und hatte gerade noch die Zeit, ihren Hut aufzusetzen und nach ihren Handschuhen zu greifen, als die braunen Pferde und der Buggy vor der Tür hielten.

Es war ein freundliches Bild, wie Laura so an der Tür der groben Hütte stand, braunes Augustgras unter ihren Füßen und junge Wollbäume im Viereck um den Hof herumstehend.

Ihr Kleid aus rötlichem Batist mit einer Verzierung von blauen Blüten reichte ihr bis zu den Zehen. Der Rock war weit geschnitten und in die Taille hineingesteckt. Die kleine eng ansitzende Bluse mit langen Ärmeln war bis oben geschlossen und zeigte ein Stückchen Borte am Hals. Der salbeigrüne Kapotthut aus rauem Stroh, der mit grauer Seide gesäumt war, umrahmte sanft ihre rosigen Wangen und die großen blauen Augen unter den braunen Fransen ihrer Ponyfrisur.
Almanzo beachtete diese Feinheiten nicht, er half ihr in den Buggy und steckte den Leinenschutz des Wagens sorgfältig um sie herum fest, um den Staub fern zu halten. Dann ergriff er die Zügel und die Pferde sausten los, hinein in das unerwartete Vergnügen einer Nachmittagsfahrt am Wochentag. Zuerst ging es zwölf Meilen in südlicher Richtung über die flache Prärie zu den Henry- und Thomsonseen, auf der schmalen Landbrücke mit ihren Herzkirschen und wildem Wein, die die Seen verband. Dann ging's wieder nach Osten und Norden über die Prärie zum fünfzehn Meilen entfernten Geistersee. Bis zur Rückkehr sollten sie alles in allem 40 oder 50 Meilen zurücklegen.
Das Verdeck des Wagens war hoch gestellt, um in der Sonnenhitze Schatten zu geben; die Mähnen und Schweife der Pferde tanzten im Wind. Präriehasen flüchteten und Präriehühner stoben ins Gras, gestreifte Erdeichhörnchen duckten sich in ihre Löcher, über den Köpfen der beiden Menschen flogen wilde Enten von einem See zum andern.
Almanzo brach ein längeres Schweigen und fragte: »Können wir nicht möglichst schnell heiraten? Wenn du nicht auf eine große Hochzeit Wert legst und einverstanden bist,

könnten wir sofort verheiratet sein. Als ich im letzten Winter in Minnesota war, erfuhr ich, dass meine Schwester eine große kirchliche Trauung und ein anschließendes Hochzeitsfest für uns beide plant. Ich versuchte ihr klarzumachen, dass wir nichts Derartiges wünschten und dass sie diesen Gedanken aufgeben müsste, aber sie ließ sich nicht beirren. Nun will sie hierher kommen, um die Hochzeit auszurichten. Aber wir stehen dicht vor der Ernte, das wird eine sehr arbeitsreiche Zeit und ich möchte, dass wir vorher zusammenziehen.«

Laura drehte den funkelnden Goldring mit seiner schönen Perle um den Zeigefinger ihrer linken Hand herum. Es war ein wundervoller Ring und sie liebte ihn, aber …

»Ich habe über uns nachgedacht«, sagte sie. »Ich muss dir sagen, dass mir nichts daran liegt, einen Farmer zu heiraten. Das habe ich dir schon oft gesagt. Mir wäre es lieber, wenn du einen anderen Beruf ausüben würdest. In der Stadt gibt es so viel Arbeit, solange sie neu ist und ständig wächst.«

Wieder herrschte Schweigen, bis Almanzo es brach. »Warum willst du keinen Farmer heiraten?«

»Weil eine Farm zu viel von der Farmersfrau verlangt«, antwortete Laura. »Da gibt es so viele Aufgaben, die sie bewältigen muss, und dann muss sie bei der Ernte helfen und noch für die Drescher kochen. Dazu kommt, dass ein Farmer nie Geld hat. Er kann nicht zu Geld kommen, weil die Leute in der Stadt selbst bestimmen, was sie ihm für seine Ware geben wollen. Aber wenn er etwas kauft, dann setzen sie den Preis wieder ganz nach ihrem Belieben fest. Diese Ungerechtigkeit hat mich schon oft geärgert.«

Almanzo lachte. »Auch hier gilt das, was jener Ire sagte: ›In dieser Welt gleicht sich alles aus. Die reichen Leute haben ihr Eis im Sommer und die armen Leute haben es im Winter.‹« Laura ging auf seinen Scherz nicht ein. Sie sagte: »Aber ich will nicht allezeit arm sein und hart arbeiten müssen, während die Stadtleute es gut haben und uns das Geld abnehmen.«

»Das siehst du alles ganz falsch«, sagte Almanzo ernst. »Die Farmer sind die einzigen unabhängigen Menschen. Wie lange könnte ein Kaufmann existieren, wenn die Farmer ihm nicht seine Waren abkaufen würden? Jeder gibt sich große Mühe, ihn als Kunden zu behalten. Sie müssen sich ihre Geschäfte streitig machen, um zu etwas Geld zu kommen, während der Farmer nur ein neues Feld bestellen muss, wenn er zusätzlich Geld verdienen will.

In diesem Jahr habe ich 50 Morgen Weizenland, das reicht für mich. Wenn du mit mir auf der Farm leben willst, werde ich im Herbst neues Erdreich umbrechen und im nächsten Frühjahr weitere 50 Morgen Weizen säen. Ich kann auch mehr Hafer aussäen und damit mehr Pferde aufziehen – und es lohnt sich, Pferde zu züchten.

Weißt du, auf einer Farm kommt es nur darauf an, wie fleißig der Farmer ist. Wenn er seine Arbeit liebt und sich um seine Farm kümmert, kann er mehr Geld verdienen als jeder Stadtmensch, und dazu ist er immer sein eigener Herr.«

Wieder herrschte Ruhe, ein äußerst skeptisches Schweigen auf Lauras Seite. Schließlich konnte Almanzo nicht länger ruhig bleiben. »Lass es uns drei Jahre lang versuchen. Wenn ich in dieser Zeit nicht gut als Farmer vorankomme, werde ich die Farm aufgeben und eine Arbeit annehmen, mit der du zufrieden bist. Ich verspreche dir, dass nach drei Jahren mit dem Farmen Schluss ist, wenn es nicht so zum Erfolg geführt hat, dass du selbst auf der Farm bleiben möchtest.«

Damit war Laura einverstanden. Sie versprach, es drei Jahre lang mit dem Farmen zu versuchen, denn sie liebte die Pferde und genoss die Freiheit und Weite der Prärie mit dem Wind, der ständig durch das hohe Steppengras in den Sümpfen wehte und im kurzen Büffelgras rauschte, das auf den Hügeln der Prärie so grün im Frühling und so silbergrau und braun im Sommer stand. Im Frühling breiteten die wilden Veilchen ihre Teppiche aus und dufteten in den kleinen Senken des Graslandes, im Juni blühten dann überall die Prärierosen. Zwei Siedlungsteile dieses weiten Landes würden ihnen gehören, jeder mit 160 Morgen fruchtbarer schwarzer Erde, denn Almanzo hatte es bereits zu einer ganzen Siedlerstelle gebracht und hatte dazu noch den Baumgarten mit seinen 10 Morgen Baumbestand angelegt, den das Gesetz dem Siedler vorschrieb. 3405 Bäume wuchsen im Abstand von drei Metern. Zwischen den beiden Landstücken lag eine Wiese, auf der jeder Siedler Heu machen durfte. Wer zuerst kam, mahlte zuerst.

Es würde ihr viel mehr Freude bereiten, auf dem freien Land als in einer Stadtstraße zu leben, Seite an Seite mit irgendwelchen Nachbarn. Wenn Almanzo nur Recht hätte … Nun gut, sie hatte versprochen, es mit der Farm zu versuchen.

»Mit dem Haus auf dem Baumland bin ich bald fertig«, sagte Almanzo. »Wir sollten in der kommenden Woche hei-

raten. Das wird die letzte Woche sein, ehe die Erntearbeit einsetzt. Wir wollen uns einfach von Reverend Brown trauen lassen und dann in unser neues Haus einziehen.«
Laura war damit nicht einverstanden, denn dann würde sie im September nicht mehr Lehrerin sein und um das Gehalt kommen, das sie für ihre neuen Kleider benötigte.
»Wozu brauchst du neue Kleider?«, fragte Almanzo. »Du siehst immer sehr gut in deinen Kleidern aus, und wenn wir schnell heiraten, ist neue Kleidung für uns beide überflüssig. Wenn wir meiner Mutter so lange Zeit lassen, bis sie mit meinen Schwestern aus dem Osten hierher kommt, müssen wir eine große Trauung in der Kirche haben. Diese Kosten kann ich nicht aufbringen und auch dein Monatsgehalt würde dafür nicht ausreichen.« Laura war überrascht; daran hatte sie gar nicht gedacht. In diesem wilden neuen Land hatten die Menschen im Osten Amerikas keine Realität und wurden nicht in die Planungen einbezogen. Es drang also wie ein Schock in ihr Bewusstsein, dass Almanzos Verwandte im Osten wohlhabend waren und dass eine seiner Schwestern auf einer Siedlerstelle in der Nähe zu Hause war. Ganz bestimmt würden sie zur Hochzeit kommen, wenn ihnen der Tag bekannt war, und Almanzos Mutter hatte in ihrem letzten Brief nach dem Datum gefragt.
Laura konnte ihren Vater nicht darum bitten, sich an den Kosten der Hochzeit zu beteiligen. Bis er von seinen 160 Morgen Ackerland einen Ertrag hatte, musste sein ganzes Bestreben darauf gerichtet sein, den Unterhalt für seine Familie aufzubringen. Das Farmland war erst frisch umbrochen worden und in diesem ersten Jahr würde in den groben Schollen nicht viel wachsen.

Es gab also keine andere Lösung, als schnell zu heiraten, schon der Hilfe wegen, die es für Almanzos Erntearbeit bedeuten würde, wenn sie ein eigenes Heim hätten und Laura für den Haushalt sorgen könnte. Almanzos Mutter würde für ihre Sorgen Verständnis haben und nicht beleidigt sein. Auch die Nachbarn und Freunde würden wissen, dass dies der richtige und vernünftige Weg zur Lösung der Probleme war, standen sie doch alle vor der gleichen Notwendigkeit, sich in ihren Heimstätten auf dem neuen Prärieland mit geringen Kosten einzurichten.
So bogen am 25. August, einem Donnerstag, um zehn Uhr morgens wieder die schnellen braunen Pferde und der Buggy mit dem glänzenden Verdeck um die Ecke von Piersons Scheune, legten die halbe Meile im Nu zurück und hielten vor der Tür des kleinen Siedlungshauses, in dem Lauras Eltern zu Hause waren. Laura stand in der Tür, Mutter und Vater ihr zur Seite, die zwei Schwestern hinter ihr. Alle halfen Laura fröhlich in den Wagen. Lauras Hochzeitsgewand war das neue Kleid aus schwarzem Kaschmir. Es war ihr als das passendste für diesen Anlass erschienen, denn eine verheiratete Frau musste ein schwarzes Kleid tragen. Ihre anderen Kleidungsstücke und die wenigen Schätze aus ihrer Mädchenzeit waren in einem großen Koffer verstaut worden und warteten in Almanzos soeben fertig gestelltem Haus auf sie.
Laura schaute zurück und sah alle ihre Lieben unter den jungen Bäumen stehen. Sie warfen ihr Küsse zu und winkten. Die glänzend grünen Blätter der Wollbäume wehten im stärkeren Mittagswind, und Laura spürte ein leichtes Würgen in ihrer Kehle, denn alles um sie herum schien

»Lebewohl« zu sagen, und ihre Mutter wischte sich schnell mit der Hand über die Augen.
Almanzo fühlte mit Laura, denn er legte eine Hand auf die ihre und drückte sie zärtlich.
Der Prediger lebte auf seiner zwei Meilen entfernten Siedlung und der Weg dorthin erschien Laura unermesslich lang, obwohl er rasch zurückgelegt war. Als sie erst im Vorderzimmer des Predigerhauses standen, wurde die Hochzeitszeremonie schnell vollzogen. Mr Brown kam eilig herein und streifte dabei seinen Amtsrock über. Seine Frau, seine Tochter Ida, Lauras beste Freundin, und Idas Verlobter waren als Zeugen die einzigen Anwesenden. So wurden Laura und Almanzo getraut, für gute und schlechte, reiche und arme Tage.
Im Vaterhaus gab es ein bescheidenes Hochzeitsessen, und dann stiegen die Neuvermählten unter herzlichen Wünschen und heiteren Goodbyes wieder in den Buggy, auf dem Weg ins neue Heim auf der anderen Seite der kleinen Stadt. Das erste Jahr hatte begonnen.
Der Sommerwind wehte sanft, die Sonne glänzte freundlich, als ihre Strahlen am ersten Morgen im eigenen Haus durch die Fenster im Osten fielen. Es war eine frühe Sonne, und so war auch das Frühstück eine frühe Angelegenheit, denn Almanzo durfte sich zur Drescharbeit bei den Nachbarn Webb nicht verspäten. Alle Nachbarn würden dort versammelt sein und damit rechnen, dass Mr Webb ihnen im Austausch für seine spätere Hilfe bei ihrem eigenen Dreschen eine handfeste Arbeit zuteilen würde. Darum durfte niemand sich versäumen und die Arbeit auf Webbs Dreschplatz aufhalten. Also schlang Almanzo sein

erstes Frühstück im eigenen Haus äußerst eilig hinunter und fuhr rasch mit den Braunen vor dem Holzwagen davon. Laura würde den Tag über allein sein.
Es musste ein geschäftiger Tag werden, denn sie würde alle Hände voll damit zu tun haben, ihr kleines neues Haus auf Hochglanz zu bringen. Aber ehe sie damit begann, sah Laura sich in großer Besitzerfreude nach allen Seiten um. Sie sah die Küche, die zu gleicher Zeit ihr Wohn- und Esszimmer sein musste, aber so gut eingeteilt und so überlegt ausgestattet war, dass sie all diesen Zwecken glänzend gerecht werden konnte.
Die Tür in der nordöstlichen Ecke des Raumes öffnete sich auf die hufeisenförmige Anfahrt vor dem Haus. Das Fenster im Osten, durch das die Morgensonne hereinschien, lag ihr gegenüber. In der Mitte der Südwand war ein anderes helles Fenster angebracht.
Ein Tisch mit versenkbaren Platten stand an der Westwand des Zimmers, eine halbe Platte war ausgezogen, an den Enden stand ein Stuhl. Der Tisch war mit Mutters weißrotem Tischtuch bedeckt, die Reste des eiligen Frühstücks standen darauf. Am Ende des Tisches führte eine Tür in Almanzos Schuppen, wo der Kochherd stand; an den Wänden hingen die Töpfe und Pfannen. Der Schuppen zeigte ein Fenster und eine Hintertür, die sich nach Süden öffnete.
Dann betrat Laura die gerade gegenüberliegende Vorratskammer. Laura fand sie herrlich. Ihre Kammer entzückte sie so, dass sie einige Minuten lang andachtsvoll in der Tür stehen blieb. Natürlich war die Vorratskammer schmal, aber dafür sehr lang. Am entfernten Ende saß ein großes

Fenster, davor stand ein junger Wollbaum, dessen kleine grüne Blätter im Morgenwind wehten.
Im Innern der Kammer stand vor dem Fenster ein breiter Arbeitstisch von angemessener Höhe, sodass man gut im Stehen daran arbeiten konnte. Zur Rechten hing an der Wand in ganzer Länge ein Brett mit vielen Nägeln, an denen Schüsseln, Siebe, Küchentücher und anderes Küchenzubehör aufgehängt werden konnten.
Die linke Seite füllte ein schöner Wandschrank aus. Almanzo hatte einen Tischler der alten Schule gefunden, der in seiner bedächtigen Weise wundervolle Arbeit geleistet hatte. Dieser Wandschrank war sein ganzer Stolz gewesen und ein Zeichen seines Respektes vor Almanzo. Im oberen Teil enthielt der Schrank viele Regale bis dicht unter die Decke. Sie boten Raum für große Krüge und weiteres Küchengeschirr. Unter den Regalen zog sich eine Reihe sorgfältig gearbeiteter Schubladen hin; eine besonders große sollte das gebackene Brot aufnehmen. In einer Lade stand schon ein Sack mit weißem Mehl, in einer kleineren standen Säcke mit Weizenschrot und Maismehl. Eine flache Schublade war für die Aufnahme von Lebensmitteln in Tüten und Büchsen gedacht, andere waren bereits mit braunem und klarem Zucker gefüllt. Schließlich barg eine Schublade Almanzos Hochzeitsgeschenk: Messer, Gabel und Löffel aus Silber. Darauf war Laura besonders stolz. Unter den Schubladen gab es noch einen offenen Raum bis zum Fußboden. Hier standen die Steingut-Töpfe für das Gebäck, die Pfannkuchen und das Schmalz. Auch das große Butterfass mit dem Stößel hatte hier seinen Platz. Das Fass erschien riesengroß, wenn Laura bedachte, dass

die Milch nur von der einen Kuh kommen konnte, die ihr Vater den beiden als Hochzeitsgeschenk mitgegeben hatte. Aber schließlich würde später mehr Sahne im Haus sein, wenn Almanzos eigene Kuh nicht mehr trocken stand.
In der Bodenmitte der Vorratskammer war eine Falltür eingelassen, der Zugang zum Keller.
Die Tür zum Schlafzimmer lag der Haustür gegenüber. An der Wand am Fußende des Bettes hing ein Regal für Hüte. Am Boden dieses Regals war ein Vorhang befestigt, unter dem an Haken die Kleider aufgehängt werden konnten, und auf dem Fußboden des Schlafzimmers lag ein richtiger Teppich!
Die Dielen des großen Zimmers und der Vorratskammer waren in einem glänzenden Gelb sauber gestrichen, die Wände im ganzen Haus weiß geputzt und die Wandbeläge aus Fichtenholz waren seidenweich abgeschliffen und in ihrer natürlichen Farbe geölt und gefirnisst.
Dies war ein farbenfrohes, helles, kleines Haus, und dazu gehörte es ganz allein ihnen, Almanzo und ihr selbst. Es war auf dem Baumland errichtet worden und auf die Zeit zugeschnitten, da die kleinen Stangen von Bäumen hoch gewachsen waren. Almanzo und Laura konnten sich schon in einem schönen Hain von Ulmen und Ahorn sitzen sehen, wie sie auch zu beiden Seiten der Straße gepflanzt worden waren. Die hoffnungsvollen Bäumchen standen auch schon im Halbkreis um die Auffahrt zum Haus und an seiner Rückseite. Wenn sie gut gehegt wurden, würde es nicht lange dauern, bis sie das kleine Haus vor Sommerhitze und Winterkälte und vor den ständig wehenden Winden schützen konnten. Aber Laura durfte nicht länger

müßig in der Kammer stehen und in den Tag hinein träumen. Sie musste an ihre Arbeit gehen. Schnell räumte sie den Frühstückstisch ab.

Von dort zur Vorratskammer war es nur ein kleiner Schritt, wohin sie alles Zubehör in die Regale räumte. Das Geschirr stellte sie in die Waschschüssel auf dem Arbeitstisch vor dem Fenster. Das heiße Wasser im Teekessel auf dem Ofen kam ihr gut zupass und bald war alles wieder sauber und die Tür zu einer wohl geordneten Vorratskammer geschlossen. Dann säuberte Laura den Ofen mit einem Flanelltuch, schob den Ausziehtisch zusammen und breitete ein sauberes rotes Tischtuch darüber. Das Tuch hatte eine Spitzenkante und war für jedes Wohnzimmer ein besonderer Schmuck.

In der Ecke zwischen den Fenstern nach Osten und Süden stand neben einem Sessel und einem Schaukelstuhl ein Tischchen. Darüber hing an der Decke eine Glaslampe mit glitzernden Anhängern. Das war der Wohnzimmerteil des großen Raumes. Bald würden die Gedichtbände von Scott und Tennyson auf dem Tisch liegen und Geranien auf den Fensterbänken blühen. Dann würde diese Ecke einfach zauberhaft sein.

Aber erst mussten die Fenster geputzt werden, die vom Hausbau her noch mit Gips und Farbe bespritzt waren. Dabei war Laura überhaupt kein Freund vom Fensterputzen.

In diesem Augenblick klopfte es an die Haustür und Hattie, das Mädchen von der Nachbarfarm, meldete sich. Auf seiner Fahrt zum Dreschplatz hatte Almanzo dort kurz gehalten und Hattie gebeten, sie möge doch zu Laura

kommen und die Fenster reinigen, wenn sie es einrichten könne.
Also putzte Hattie die Fenster, während Laura das kleine Schlafzimmer richtete und ihren Koffer auspackte. Ihr Hut lag bereits auf dem Regal und das Hochzeitskleid hing hinter dem Vorhang an seinem Haken.
Sie besaß nicht viele Kleider, die sie dazuhängen konnte, das rehbraune Seidenkleid mit den schwarzen Streifen und das dunkelbraune Popelinekleid, das sie selbst genäht hatte. Beide waren schon oft getragen worden, aber immer noch gut anzusehen. Dann war da das rote Kleid mit den blauen Blüten. Es war nicht sehr warm, sie konnte es nur an Sommertagen anziehen. Schließlich besaß sie noch ein Arbeitskleid aus grauem Kaliko, das sie abwechselnd mit ihrem blauen Arbeitszeug tragen konnte. Ihr Mantel vom letzten Winter sah noch sehr gut aus, wie er da an seinem Haken neben Almanzos Überzieher hing. Auch im kommenden Winter würde er noch gute Dienste leisten. Sie wollte nicht, dass Almanzo gleich zu Beginn ihrer Ehe Ausgaben für sie haben sollte, wollte sie doch zusammen mit ihm den Beweis liefern, dass Farmarbeit ebenso sinnvoll war wie jede andere Tätigkeit. Sie hatte ein liebes kleines Heim und konnte hier so viel besser leben als in der Stadt. Sie hoffte, dass Almanzo Recht behalten würde mit seinem »Alles gleicht sich aus in dieser Welt«. Als sie sich diese Worte wiederholte, musste sie lächeln. Almanzo kam spät nach Hause, denn Drescher arbeiten so lange, wie das Tageslicht es erlaubt. Das Abendessen stand auf dem Tisch, als Almanzo seine eigenen Pflichten im Stall und im Haus getan hatte, und während des Essens erfuhr Laura, dass die

Drescher am nächsten Tag zur Arbeit und zum Mittagessen zu ihnen kommen würden.
Das würden ihre ersten Gäste im eigenen Heim sein und sie musste ihr erstes Gastmahl bereiten. Um Laura zu ermutigen, sagte Almanzo: »Du wirst es bestimmt gut machen. Und du bist jung genug, um noch viel zu lernen.«
Laura war immer eher die Tochter eines Pioniers als eine Farmerstochter gewesen. Stets siedelten sie sich an neuen Stellen an, ehe die erschlossenen Äcker zu groß wurden. Dass sie nun eine ganze Gesellschaft von Dreschern selbst bewirten sollte, war schon ein erschreckender Gedanke. Aber wenn sie die Frau eines Farmers sein sollte, gehörte auch das zu ihren Pflichten.
Früh am nächsten Morgen begann sie mit dem Planen und Vorbereiten der Mahlzeit. Sie hatte eine kleine Ladung frisch gebackenen Brotes von zu Hause mitgebracht und zusammen mit kleinen Maisbroten, die sie hier backen konnte, würde reichlich Brot auf dem Tisch sein. Schweinefleisch und Kartoffeln lagen in ihrer Vorratskammer und weiße Bohnen hatte sie schon in der Nacht weichen lassen. Im Garten wuchs Rhabarber, also konnte sie auch kleine Torten backen. So flog der Morgen schnell dahin, und als die Männer gegen Mittag vom Dreschen kamen, konnte sie das Dinner auf den Tisch setzen.
Der Tisch stand in der Mitte des großen Zimmers, seine Platten waren ausgezogen, um Platz zu schaffen, aber trotzdem mussten einige Männer warten, bis die Reihe an sie kam. Alle waren sehr hungrig, doch das Essen reichte für alle, wenn auch mit den Bohnen etwas nicht zu stimmen schien. Laura besaß noch nicht die Fertigkeiten ihrer

Mutter und die Bohnen waren nicht lange genug auf dem Feuer gewesen und entsprechend hart. Als es zu den kleinen Torten kam, machte Mr Perry, ein Nachbar von Lauras Eltern, eine Kostprobe. Dann hob er sein Stück hoch, griff nach der Zuckerdose und schüttete kräftig Zucker darauf. »So ist es erst nach meinem Geschmack«, sagte er. »Wenn wenig Zucker im Kuchen ist, dann kann jeder nach Belieben süßen, ohne die Köchin zu verletzen.«

Mr Perry belebte das Mahl mit seinen Geschichten. Er erzählte von der Zeit, als er in Pennsylvanien ein Knabe gewesen war. Seine Mutter hatte die Angewohnheit, für fünf Bohnen einen Topf voll Wasser zu nehmen und daraus eine kräftige Bohnensuppe zu kochen. Ihr Kochtopf war sehr groß, und wenn die Familie die Suppe und so viel Brot, wie sie irgend schafften, verzehrt hatte, zogen sie sich aus und tauchten nach den Bohnen, falls sie darauf noch Appetit hatten. Die Drescher lachten herzlich und wurden gesprächig und sehr nett, aber Laura quälte sich mit dem Gedanken an ihre harten Bohnen und den sauren Rhabarberkuchen. Sie hatte es eilig gehabt, als sie den Kuchen anrichtete, aber wie hatte sie so gedankenlos sein können? Der erste Biss in ihren sauren Kuchen musste einfach fürchterlich gewesen sein.

Der Weizen hatte nur 10 Scheffel auf den Morgen getragen und ein Scheffel Weizen (36 Liter) wurde mit 50 Cents bezahlt. Das war keine große Ernte. Das Wetter war zu trocken gewesen und der Erlös war zu gering. Aber das Haferfeld hatte so viel gebracht, dass die Pferde genug Futter haben würden und noch etwas Hafer übrig blieb. Almanzo hatte auch große Heuschober bauen können, sodass das

Heu für die Pferde und Kühe reichen musste und noch etwas für den Verkauf frei war.
Almanzo war voller Hoffnungen und machte bereits Pläne für das nächste Jahr. Er wollte so schnell wie möglich mit dem herbstlichen Pflügen beginnen und dabei neues Land umbrechen, denn im nächsten Jahr wollte er noch einmal so viel Morgen bestellen oder mehr, wenn es zu schaffen war. Der Saatweizen lag in der Scheune, den Überschuss an Korn hatte er verkauft. Jetzt begann eine geschäftige, glückliche Zeit. Almanzo ging früh zum Pflügen aufs Feld und Laura hatte den ganzen Tag mit Kochen, Backen, Buttern, Kehren, Waschen, Bügeln und Nähen zu tun. Das Waschen und Bügeln fiel ihr nicht leicht, denn sie war klein und schlank. Aber ihre Hände und Gelenke waren stark und sie wurde damit fertig. An den Nachmittagen zog sie ein frisches sauberes Kleid an, ging in die Sitzecke des großen Zimmers und nähte oder strickte Strümpfe für Almanzo.
An den Sonntagen fuhren sie mit dem Buggy aus, und wenn die Pferde die Präriewege entlangtrotteten, sangen Laura und Almanzo die Lieder aus ihrer Schulzeit. Ihr Lieblingslied hieß »Bleibt auf eurer Farm, Jungens«.

Ihr schwärmt von den Minen Australiens,
und da gibt es sicher viel Gold,
aber Gold liegt auch auf der Farm, Jungens –
wenn ihr's nur aufheben wollt.
Also habt's nicht so eilig, Jungens,
seid klug und rennt nicht so.
Versucht's noch mal mit dem Farmen,
das macht euch genauso froh.

Und Laura musste dabei an den goldenen Weizen denken, der in ihrer Scheune lag, und war glücklich. Die Ausfahrten waren kurz, denn das Pflügen war eine harte Arbeit für ihre schnellen Pferde, das Gespann Skip und Barnum. Almanzo sagte, dass sie nicht stark und groß genug wären, um all das neue Ackerland zu umbrechen. Eines Tages kam er mit zwei großen Pferden zurück, die er zusammen mit einem leichten zweirädrigen Pflug hinten an seinen Wagen gespannt hatte. Jetzt, sagte Almanzo, könne er vier Pferde vor den großen, schweren Pflug spannen und hätte keine Mühe damit, mehr Land für die größere Ernte des nächsten Jahres zu brechen. Die neuen Pferde waren ein guter Kauf, denn ihr Eigentümer hatte es eilig gehabt, seinen Besitz zu Geld zu machen und sich zu verändern. Er hatte sich den Verzicht auf seine Siedlungsstätte von einem Mann aus dem Osten bezahlen lassen, weil er weiter nach Westen ziehen und dort neues Siedlungsland in Anspruch nehmen wollte.
Der leichte zweirädrige Pflug hatte 55 Dollar gekostet, aber Almanzo hatte nur die Hälfte dieses Betrages bar bezahlen müssen und für den Rest einen Schuldschein gegeben, der im nächsten Jahr einzulösen war. Mit diesem Pflug konnte er eine 40 Zentimeter breite Furche in den harten Grasboden ziehen und der Pflug würde sich schnell mit den zusätzlichen Morgen bezahlt machen, die Almanzo nun reitend an Stelle des mühsamen Marschierens hinter dem Pflug schaffen konnte, wobei er den Pflug auch nicht mehr festhalten musste.
Jetzt konnte Laura am Morgen mit Almanzo aufs Feld gehen und ihm helfen, wenn er die vier Pferde vor den

Pflug spannte. Sie lernte es, die Pferde zu führen und auch den Pflug, und manchmal zog sie selbst verschiedene Furchen um den Acker. Dann war sie sehr zufrieden mit sich.
Zu dieser Zeit kam Almanzo wieder einmal aus der Stadt zurück und hinter dem Wagen trabte ein kleines eisengraues Pony. »Nun musst du dich nicht mehr darüber beklagen, dass dein Vater dich nicht auf seinem Pferd reiten ließ. Dies Pony ist sanft, es wird dich nicht in Gefahr bringen. Jetzt kannst du das Reiten lernen.«
Laura liebte ihr Pony auf den ersten Blick. »Ich werde es Trixy nennen«, sagte sie.
Trixys Hufe waren klein, die Beine zart und glatt. Sie hatte einen kleinen Kopf mit einer feinen blassen Nase, die Ohren richteten sich gerade auf und bewiesen Aufmerksamkeit. Ihre Augen waren groß und sanft und blickten schnell herum, Mähne und Schwanz waren lang und kräftig. Nach dem Abendbrot schlug Laura in Montgomery Wards Versandkatalog nach, wählte nach den Beschreibungen und Bildern einen Sattel und schrieb gleich die Bestellung aus, damit diese bei der ersten Fahrt in die Stadt zur Post gegeben werden konnte. Sie konnte das Eintreffen des Sattels kaum erwarten und verkürzte sich die zwei Wochen Wartezeit, indem sie sich mit Trixy befreundete. Endlich kam das große Paket an. Es war ein wundervoller lohfarbener Sattel, durch und durch aus Leder, mit Ziernähten und Nickelschmuck.
»Jetzt wollen wir Trixy den Sattel auflegen«, sagte Almanzo. »Und ihr beide könnt zusammen reiten lernen. Ich bin sicher, dass Trixy vernünftig sein wird, auch wenn sie noch nie geritten wurde. Aber wir wollen sie lieber auf gepflüg-

ten Boden führen, dann kann sie sich nicht so schnell bewegen und wird nicht übermütig und du hast einen weichen Grund unter dir, wenn du vom Pferd fallen solltest.«
Als Laura sicher im Sattel saß, der linke Fuß im ledernen Bügelschuh, das rechte Knie über dem Sattelhorn, gab Almanzo den Zaum frei und Trixy bewegte sich auf dem gepflügten Boden vorwärts. Sie war verträglich und tat ihr Bestes, Laura zu gefallen, auch wenn sie vor Lauras im Wind wehendem Rock scheute. Laura fiel nicht herunter und Tag für Tag lernten beide das Reiten gemeinsam besser und besser.
Es war spät im Herbst, die Nächte waren kühl und bald würde der Erdboden gefrieren. Das Umbrechen des neuen 50-Morgen-Ackers war fast beendet. Nun gab es keine Ausfahrten am Sonntagnachmittag mehr. Skip und Barnum mussten zu hart vor dem Pflug arbeiten, als dass sie noch sonntags eingespannt werden konnten. Der Sonntag war ihr Ruhetag. Trotzdem gab es lange Ausflüge auf dem Pferderücken, denn Almanzo hatte jetzt ein eigenes Sattelpony, und Fly und Trixy, die keine andere Arbeit leisten mussten, waren immer zu einem Ritt bereit.
Laura und Trixy hatten sich gemeinsam in der Kunst geübt, im Foxtrott-Schritt zu gehen, und auch im Springen. Ein kurzer Sprung brachte Trixy von der Außenseite der Straße über die Radspur auf die grasbewachsene Straßenmitte. Mit einem weiteren Sprung kreuzte sie die andere Radspur. Trixy sprang so leicht, dass es nie ein Missverständnis zwischen ihr und Laura gab.
Als sie eines Tages wieder zu viert dahintrotteten, sagte Almanzo: »Trixy kann kurz und schnell springen, trotzdem

kann Fly ihr davonlaufen« – und Fly setzte sich in Bewegung. Laura beugte sich tief über Trixys Nacken, tippte sie leicht mit der Peitsche an und ahmte, so gut sie konnte, einen Cowboy-Ruf nach. Trixy schoss wie ein Blitz davon und ließ Fly bald hinter sich zurück. Laura zügelte ihr Pferd und wartete etwas atemlos im Sattel, bis Almanzo herankam. Als Almanzo gegen ihren Blitzstart protestierte, antwortete Laura von oben herab: »Oha, Trixy hat mir eben gesagt, dass sie sich als vornehmes Pferd Zeit gelassen hat.« Es zeigte sich dann immer wieder, dass Trixy das schnellere der beiden Ponys war – auch auf Ritten von 20 Meilen über die offene Prärie vor dem Frühstück. Es war eine sorglose, glückliche Zeit. Zwei Menschen, die sich lieben, können gemeinsam viel Schönes erleben. Es muss allerdings gesagt sein, dass Laura sich oft über die knappe Ernte Gedanken machte. Einmal ging sie mit ihrer Sahne sehr sparsam um und gab Almanzo einen großen Korb voll frischer Butter in die Stadt mit in der Hoffnung, dass die Butter zum Teil für die Lebensmittel zahlen könnte, die Almanzo einkaufen sollte. Zu der Butter fügte sie fünf Dutzend Eier, denn ihre kleine Hühnerschar, die um die Scheune, das gestapelte Stroh und in den Feldern herumpickte, legte wundervoll. Aber Almanzo brachte die Butter wieder zurück. Kein Laden in der Stadt wollte sie auch zum geringsten Preis in Zahlung nehmen und für das Dutzend Eier hatte Almanzo nur fünf Cents erlösen können. Laura konnte also Almanzo nicht viel helfen. Aber warum sollte sie sich Sorgen machen? Almanzo sorgte sich auch nicht.

Als die Arbeit auf dem Acker beendet war, machte Almanzo den Stall an der Rückseite des Hauses winterfest. Hier sollten die Tiere einen warmen Platz haben. Das Heu wurde an jeder Seite dicht an das Holzgerippe der Schuppenwände gebracht und füllte das Dachwerk völlig aus mit einer kleinen Neigung nach den Seiten, damit Wasser ablaufen konnte. Mit einem langen Heumesser schnitt Almanzo dann auf der Südseite des Stalls zwei tiefe Löcher in den Schober. Im Innern des Stalls setzte er Fenster über diese Löcher, denn das Vieh sollte auch Licht haben, wenn die Tür des Stalls geschlossen war.

Als der Stall winterfest war, begann die Schlachtzeit. Ole Larsen, der Nachbar über der Straße, schlachtete als Erster. Mr Larsen war immer darauf aus, etwas zu borgen. Das war die Ursache des ersten Streits zwischen Almanzo und Laura, denn Laura war dagegen, dass ihre Maschinen und Werkzeuge von Fremden benutzt und beschädigt oder gar nicht zurückgegeben wurden. Als sie sah, dass Almanzo bis ans Ende von Larsens Feld gehen musste, um Geräte zurückzuholen, die eigentlich in seiner eigenen Scheune hätten stehen sollen, war sie ärgerlich. Almanzo sagte aber, dass man gute Nachbarschaft halten müsse.

Als nun Mr Larsen herüberkam, um die große Tonne zu borgen, in der das geschlachtete Schwein abgebrüht werden sollte, sagte sie, Mr Larsen möge die Tonne mitnehmen. Almanzo war in die Stadt gefahren. Aber Laura wusste, dass er die Tonne bereitwillig ausleihen würde.

Ein paar Minuten später kam Mr Larsen wieder, weil er den großen Kochkessel borgen wollte, in dem er das Wasser für das Abbrühen des Schweins erhitzen konnte. Ein wenig später war er wieder da, um die Schlachtermesser zu holen, und noch etwas später musste er auch noch den

Schleifstein holen, mit dem er die Messer schärfen konnte. Grimmig sagte Laura zu sich selbst, wenn Mr Larsen das nächste Mal mit dem Wunsch käme, ihr fettes Schwein zu borgen, um es zu töten, würde sie ihm auch darin willfahren müssen. Aber zum Glück hatte Mr Larsen das Schlachtschwein selbst.

Nach allen seinen Unarten brachte Mr Larsen noch nicht einmal ein Stück frisches Fleisch herüber, wie es gute Nachbarn selbstverständlich taten.

Einige Tage später schlachtete Almanzo sein fettes Schwein und Laura konnte beim Wurstmachen, beim Zubereiten von Fleischkäse und Speck ihre ersten Erfahrungen sammeln. Die Schinken, die Schultern und Rippen wurden im kalten Schuppen eingefroren und fettes Fleisch wurde in einem kleinen Fass eingepökelt. Laura fand, dass all diese Arbeit allein zu verrichten etwas ganz anderes war als die Hilfe, die sie ihrer Mutter im Haushalt geleistet hatte. Aber dies war nun ihre Aufgabe, der sie gerecht werden musste, obwohl sie den Geruch von heißem Schweineschmalz hasste und auch der Anblick von so viel frischem Fleisch ihr allen Appetit nahm.

In dieser Zeit war es dem Schulvorstand möglich, Laura ihr Gehalt für den noch ausstehenden Monat auszuzahlen. Laura fühlte sich plötzlich reich und überlegte, was sie mit ihrem Geld ausrichten könnte. Almanzo schlug ihr vor, dafür ein Fohlen zu kaufen, dann könnte sie ihr Geld in kurzer Zeit verdoppeln, indem sie das Fohlen verkaufte, wenn es groß geworden war. Dafür entschied sie sich auch und Almanzo kaufte einen zwei Jahre alten Rotfuchs, der sich gut zu entwickeln versprach.

Laura machte sich nicht die Mühe, einen Namen für dieses Fohlen zu finden, weil es ja bald wieder verkauft werden sollte. Aber es wurde mit Sorgfalt gefüttert, gestriegelt und umhegt, damit es ein gut gewachsenes Pferd würde.

An einem sehr windigen Tag fuhr Almanzo frühmorgens in die Stadt und ließ Laura allein zurück. Es war nichts Neues für sie, der einzige Mensch im Hause zu sein, und sie dachte nicht weiter darüber nach; aber der Wind war so heftig und kalt, dass sie die Haustür geschlossen ließ, die noch von der Nacht her verriegelt war. Am Vormittag, als Laura mit ihrer Hausarbeit beschäftigt war, sah sie aus dem Fenster und bemerkte eine kleine Reiterschar, die von Südosten her die Prärie überquerte. Sie wunderte sich darüber, dass die Reiter nicht auf der Straße daherkamen. Als sie sich näherten, erkannte sie, dass es fünf Indianer waren.

Laura hatte schon oft Indianer gesehen, ohne sich zu fürchten. Aber ihr Herz schlug doch etwas schneller, als die Indianer vor ihrem Haus abstiegen und die Tür zu öffnen versuchten, ohne vorher anzuklopfen. Sie war froh darüber, dass die Tür verschlossen war. Schnell schlüpfte sie in das Hinterzimmer und verriegelte auch dort die Außentüre. Die Indianer gingen um das Haus herum und versuchten auch hier die Außentür zu öffnen. Dabei erblickten sie Laura durch das Fenster und baten sie mit Zeichen, die Tür zu öffnen, wobei sie ihr bedeuteten, dass sie ihr kein Leid zufügen würden. Aber Laura schüttelte den Kopf und sagte ihnen, sie sollten sich verziehen. Wahrscheinlich wollten die Indianer nur etwas zu essen haben, aber es war ihnen nicht zu trauen. Erst vor drei Jahren waren die Indianer westlich von Lauras Haus auf den Kriegspfad gegan-

gen und noch jetzt bedrohten sie oft die Lager der Eisenbahnbauer.
Laura ließ die Tür geschlossen und beobachtete, wie die Indianer sich untereinander besprachen. Aber sie konnte keines ihrer Worte verstehen und war beunruhigt, die Indianer benahmen sich so sonderbar. Warum ritten sie nicht weiter? Stattdessen gingen sie zum Stall, wo Lauras neuer Sattel hing und Trixy stand. Trixy! Ihr Liebling und Kamerad. Im Haus war Laura verhältnismäßig in Sicherheit, denn die Indianer würden es kaum wagen die Tür aufzubrechen. Aber jetzt war Laura aufgeregt und dazu auch ärgerlich und wie immer handelte sie schnell. Sie riss die Haupttür auf, rannte zum Stall und in der Stalltür stehend befahl sie den Indianern sich wegzuscheren. Ein Indianer befühlte gerade das Leder ihres wundervollen Sattels, ein anderer stand bei Trixy. Auch Trixy war erschrocken, sie liebte Fremde nicht, zog an ihrem Halfter und zitterte. Die anderen Indianer prüften Almanzos Sattel und das Buggygeschirr mit seinem glänzenden Nickelschmuck. Aber nun kamen sie alle aus dem Stall heraus und sammelten sich um Laura. Laura wetterte gegen sie und stampfte mit den Füßen. Ihr Kopf war unbedeckt und die langen braunen Strähnen ihres Haares flogen im Wind, während ihre Augen zu blitzen schienen wie immer, wenn sie erregt oder ärgerlich war, und das war sie in hohem Maße.
Die Indianer starrten sie einen Augenblick lang an, dann grunzte einer ein unverständliches Wort und legte seine Hand auf Lauras Arm. Im gleichen Moment schlug Laura dem Indianer mit aller Kraft ins Gesicht. Er war erzürnt und ging auf sie los, aber die anderen Indianer lachten und

einer, der der Anführer zu sein schien, hielt den Wütenden auf. Dann deutete er auf sich und auf sein Pferd und fragte mit einer Geste, die nach Westen wies: »Du kommen – mit mir – sein meine Squaw?«
Laura schüttelte den Kopf und stampfte erneut mit den Füßen, zeigte auf die Ponys der Rothäute und befahl ihnen, aufzusteigen und zu verschwinden.
Die Indianer zogen tatsächlich ab, ihre Ponys ohne Sattel und Zaumzeug reitend. Aber im Wegreiten drehte ihr Anführer sich um und blickte nach Laura zurück, wie sie im Winde dastand, ihre Röcke um sie herumwirbelnd und ihr Haar wehend, und die Indianer nach Westen über die Prärie reiten sah.
Die Wildgänse flogen nach Süden. Tagsüber war der Himmel voll von ihnen, wie sie in ihrer V-Formation dahinzogen. Die Anführer riefen und ihre Gefolgschaft antwortete ihnen, bis die Welt von ihren Schreien erfüllt war. Selbst zur Nachtzeit war zu hören, wie ihre anscheinend endlosen Scharen vor der Kälte dahersegelten, die sich von Osten näherte.
Laura liebte es, sie hoch oben vor dem blauen Himmel zu beobachten, die kleinen und großen Dreiecke mit den Anführern an der Spitze, die Gefolgschaft immer in genauer V-Formation hinter ihnen dahinströmend. Sie erfreute sich daran, ihr klares, lautes Honk-honk zu vernehmen.
Es klang so wild und frei, besonders in der Nacht, wenn der einsame helle Schrei durch die Dunkelheit zu ihr drang. Er war fast unwiderstehlich und erweckte in Laura den Wunsch, Flügel zu haben und den Wildgänsen folgen zu können.

Almanzo erwähnte ein altes Sprichwort: »Alles wird gut, wenn die Wildgänse laut schreien«, aber er glaubte nicht daran. »Wir werden einen harten Winter erleben – die Gänse fliegen so hoch und so schnell. Sonst machen sie auf den Seen Halt, um zu fressen und sich auszuruhen. Aber jetzt eilen sie davon, um einem Sturm zu entgehen.« Einige Tage lang flogen die Gänse nach Süden, bis an einem ruhigen sonnigen Nachmittag eine schwarze Wolke niedrig am nordwestlichen Horizont aufstieg. Sie stieg schnell höher und höher, bis sie plötzlich die Sonne auslöschte und der Wind heulend losbrach, wobei die Welt hinter einem Schleier von wirbelnden Schneeflocken verschwand.
Laura war allein im Haus, als der Wind sich mit solcher Gewalt an der Nordwestecke brach, dass das ganze Haus erzitterte. Schnell lief sie ans Fenster, aber sie konnte hinter dem Glas nur eine weiße Wand wahrnehmen. Almanzo war im Stall und beim plötzlichen Kreischen des Sturms sah auch er dort aus dem Fenster. Obwohl es erst früher Nachmittag war, fütterte er die Pferde und Kühe für die Nacht, melkte die Färse in den kleinen Eimer, in dem er den Tieren etwas Salz gebracht hatte, machte die Stalltür sorgfältig hinter sich fest und rannte zum Haus. Sobald er aus dem Schutz des Heus an der Scheunentür heraus war, warf sich die volle Kraft des Sturms gegen ihn. Er schien aus allen Richtungen zu gleicher Zeit zu heulen. Wohin Almanzo auch den Kopf wandte, überall spürte er nur ein Brausen. Er kannte die Richtung, in der das Haus liegen musste, aber er konnte es nicht sehen. Er sah nichts als einen wogenden weißen Schleier. Dazu war es unglaublich kalt geworden und der Schnee war ein Eisstaub, der seine

Augen und Ohren füllte. Wenn er Atem holen musste, glaubte er zu ersticken. Er war nur ein paar Schritte vom Stall entfernt und konnte ihn nicht mehr erkennen. Almanzo war allein in einer weißen Welt, die sich in Wirbeln um ihn drehte.

Er wandte sein Haupt in die bekannte Richtung und kämpfte sich vorwärts. Bald war ihm bewusst, dass er weit genug gegangen war, um am Haus zu sein, aber er sah es nicht. Noch ein paar Schritte und er stieß gegen einen alten Wagen, den er etwas südlich vom Haus stehen gelassen hatte. Obwohl Almanzo sich dagegen hatte sichern wollen, hatte ihn der Wind südlich aus der Richtung geweht, aber nun wusste er wieder, wo er sich befand. Er wandte sich in der vermuteten Richtung dem Haus zu und kämpfte sich vorwärts. Bald hätte er das Haus erreichen müssen, aber wieder tappte er ins Leere. Wenn er sich nun hoffnungslos verirrte, würde er das Haus vielleicht überhaupt nicht finden und in die offene Prärie hinauslaufen, was seinen Untergang bedeuten würde, oder er könnte nur ein paar Meter vom Haus entfernt erfrieren, ehe der Sturm vorüber war. Kein Rufen konnte den Wind übertönen. Es hatte keinen Sinn, stehen zu bleiben, er musste immer wieder versuchen, das Haus zu finden. Er nahm noch ein paar Schritte und plötzlich strich seine Schulter an etwas Hartem vorbei. Er griff zu und berührte die Ecke eines Gebäudes. Das Haus! Um ein Haar wäre er daran vorbei in den Sturm hinausgewandert.

Er hielt sich an der Hauswand und ihr folgend kam er zur Hintertür.

Der Sturm wehte ihn ins Haus hinein, als er die Tür öff-

nete. Er stand und blinzelte und wischte sich im Schutz und in der Wärme des Hauses, das er fast verfehlt hätte, den Schnee aus den Augen. Den Milcheimer presste er noch immer fest an sich. Im Kampf mit dem Sturm hatte er keine Milch verschütten können, sie war festgefroren.

Drei Tage und drei Nächte lang raste der Blizzard. Ehe Almanzo wieder zum Stall ging, tastete er sich an der Hauswand entlang zu der Ecke, wo die lange Wäscheleine befestigt war. Er hielt die Hand an die Leine und folgte ihr zur Rückseite des Hauses. An der Ecke machte er die Leine los und tastete sich bis zur Tür weiter. Dort knüpfte er die Leine wieder an und befestigte an ihrem losen Ende eine kürzere Leine, die er im Schuppen ausgespannt hatte. Jetzt konnte er die Wäscheleine abhaspeln und sie am Heuschober festmachen und hatte nun eine sichere Führung zum Haus. So war es ihm möglich, einmal am Tag für seine Tiere zu sorgen.

Solange der Blizzard wütete, heulte und raste, blieben Laura und Almanzo im Haus. Laura hielt das Feuer mit den Kohlen aus dem Schuppen in Gang. Sie bereitete ihre Mahlzeiten von den Vorräten in der Küche und im Keller und sang, wenn sie an den Nachmittagen strickte und stopfte. Ihr Hund Old Shep und die Katze leisteten ihr auf dem kleinen Teppich vor dem Küchenherd Gesellschaft und alle fanden Wärme und Behaglichkeit in dem kleinen Haus, das sich so tapfer inmitten der rasenden Elemente behauptete.

Am späten Nachmittag des vierten Sturmtages ließ der Wind nach. Er büßte seine wirbelnde Kraft ein und blies den lockeren Schnee in Böen auf der Prärie fest, schob ihn zu harten Wehen zusammen, die sie zudeckten und nur dann und wann den Boden freiließen. Die Sonne schien wieder mit einem kalten Licht. Auf jeder Seite hielten bei ihr große Nebensonnen Wache. Es war eisig kalt. Laura und Almanzo traten vors Haus und blickten über die trostlose Landschaft. Ihre Ohren dröhnten noch vom Aufruhr des Sturms, die Stille, die ihm jetzt gefolgt war, schien unwirklich.

»Dieser Blizzard war fürchterlich«, sagte Almanzo. »Wir werden erfahren, dass er viel Schaden angerichtet hat.«

Laura schaute zum Rauch, der aus dem Schornstein am Nachbarhaus über der Straße aufstieg. Drei Tage lang hatte sie das Haus nicht sehen können. »Aber bei Larsens scheint alles in Ordnung zu sein«, sagte sie.

Am nächsten Tag fuhr Almanzo in die Stadt, um die Vorräte zu ergänzen und die neuesten Nachrichten mitzubringen.

Das Haus schien hell und heiter, als er zurückkehrte. Die letzten Strahlen der Nachmittagssonne erhellten die Fenster, und Laura stand bereit, um ihm aus dem Mantel zu helfen, als er aus dem Stall ins Haus trat, nachdem er sein Gespann eingestellt und die Tiere zur Nacht gefüttert hatte.

Aber Almanzo war sehr ernst. Nach dem Abendessen berichtete er Laura, was er in der Stadt gehört hatte.

Im Süden vor der Stadt war ein Mann genau wie Almanzo im Stall vom Sturm überrascht worden und hatte sein Haus verfehlt. Er war in die Prärie hinausgelaufen und wurde erfroren aufgefunden, als der Wind aufgehört hatte. Drei Kinder hatten sich auf dem Heimweg von der Schule verirrt, aber sie hatten einen Heuschober entdeckt und sich in ihm vergraben. Der Wärme wegen hatten sie sich eng zusammengedrückt und waren vom Schnee zugedeckt worden. Als der Blizzard ausgerast hatte, konnte der Älteste, ein Knabe, sich herausgraben und ein Suchtrupp fand sie. Der Hunger hatte die Kinder geschwächt, aber sie waren nicht erfroren.

Viel Weidevieh war vom Sturm über 100 Meilen weit weggetrieben worden. Geblendet und erschreckt hatten die Rinder das Hochufer des Baumwollflusses nicht bemerkt und waren hinabgestürzt. Sie hatten die Eisdecke durchbrochen und trieben hilflos im eisigen Wasser, bis sie erstickten und erfroren. Die Männer zogen sie jetzt zu hunderten aus dem Fluss und häuteten sie ab, um wenigstens die Haut zu retten. Wer Rinder eingebüßt hatte, schaute nach den Brandmarken und nahm sich seine Häute.

Der Blizzard war zu früh im Jahr und deshalb so unerwartet gekommen. Viele Menschen waren draußen von Sturm und Schnee überrascht worden und hatten sich Hände und Füße erfroren. Bald darauf kam ein neuer Sturm, aber diesmal waren die Menschen gewarnt und niemand kam zu Schaden. Zum Reiten war es zu kalt und harter Schnee bedeckte den Boden. Darum spannte Almanzo an den Sonntagnachmittagen sein Gespann vor den Einsitzerschlitten. Dann fuhren Laura und Almanzo hierhin und dorthin, zur Farm der Eltern, um nach ihnen zu sehen, oder zu den Boasts, alten Freunden, die einige Meilen entfernt von ihrem Haus lebten. Aber die Ausfahrten waren jetzt kurz, keine zwanzig oder vierzig Meilen weit wie im Sommer. Das wäre zu gefährlich gewesen, plötzlich konnte ein Sturm aufkommen und sie ohne ein schützendes Dach überfallen.

Jetzt hatten Barnum und Skip keine Arbeit. Sie wurden feist und übermütig und genossen die Schlittenfahrten ebenso wie Laura und Almanzo. Sie bäumten sich und tanzten vor dem Schlitten und ließen die Schlittenglöckchen fröhlich klingeln, während ihre Ohren spielten und ihre Augen glänzten.

Trixy und Fly, die Sattelponys, und Kate und Bill, das Arbeitsgespann, wurden ebenfalls im Stall dick und mussten in dem durch den Heuschober geschützten Platz vor dem Stall bewegt werden.

Die Feiertage kamen näher und man musste sich auf sie vorbereiten. Wenn sie es einrichten konnten, hatten die Familien Boast und Ingalls sie gemeinsam begangen. Aber in diesem Jahr hatten Laura und Almanzo eine neue Familie gegründet und man einigte sich darauf, sie mit einzuschließen. Das neue Jahr sollte bei Laura und Almanzo festlich eingeweiht werden. An Weihnachtsgeschenke war bei der knappen Ernte kaum zu denken, aber Almanzo schreinerte Schlitten für Lauras kleine Schwestern und er wollte auch Weihnachtszuckerwerk für alle kaufen.

Was sie selbst betraf, entschieden Laura und Almanzo sich, gemeinschaftlich ein Geschenk zu erwerben, etwas, das für sie beide nützlich war und beide erfreute. Nachdem sie den Katalog von Montgomery Ward studiert hatten, wählten sie ein Glasservice aus. Sie brauchten es zum Auftischen und es wurde ein hübsches Service angeboten, das aus einer Zuckerschale, sechs Gläsertassen, sechs Untertassen, einer Butterdose und einer großen ovalen Brotplatte bestand. In die Brotplatte waren Weizenähren und die Worte »Unser täglich Brot gib uns heute« eingeschliffen.

Als ein paar Tage vor dem Weihnachtsfest die Kiste aus Chicago eintraf, packten sie den Inhalt liebevoll aus und waren beide von ihrem Geschenk beglückt. Die Festtage gingen schnell vorbei und im Februar stand Lauras 19. Geburtstag im Kalender. Almanzos 29. Geburtstag lag genau eine Woche später und darum beschlossen sie, beide Geburtstage am dazwischenliegenden Sonntag zu feiern.
Sie machten kein großes Fest daraus. Es gab für sie beide einen großen Geburtstagskuchen und auf das Kochen und Zubereiten des einfachen Mahles mit Brot, Fleisch und Gemüsen wurde etwas mehr Sorgfalt verwendet als sonst üblich.
Inzwischen war Laura eine gute Köchin geworden, ihre Spezialität war das Backen eines lockeren Brotes.
In Sturm und Sonnenschein, in Arbeit und Vergnügen ging der Winter vorüber. Sie machten selten Besuche und hatten wenig Gesellschaft, denn mit Ausnahme der Larsens wohnten die Nachbarn entfernt, und die Tage waren kurz. Aber Laura fühlte sich nie einsam. Sie liebte ihr kleines Haus und ihre Hausarbeit, Shep und die Katze waren immer um sie und ein Besuch bei den Pferden und Tieren im Stall schien ihr so interessant wie jeder Besuch bei den Nachbarn.
Wenn Trixy an ihrer Hand leckte oder die weiche Nase auf ihre Schultern legte, oder wenn der Taugenichts Skip in ihrer Tasche nach einem Stück Zucker suchte, dann fühlte Laura, dass sie sich in der Gesellschaft sehr guter Freunde befand.
Die Wildgänse kamen aus dem Süden zurück. Über das kleine Haus hinweg flogen sie von einem See zum andern,

wo sie sich auf dem Wasser ausruhten und an den Ufern Futter suchten.
Die Prärie war frei von Schnee, und obgleich die Nächte kalt waren und der Wind oft eisig daherwehte, war es eben doch Frühling und die Sonne schien warm. Almanzo setzte seine Pflüge und Karren in Stand, um für das Aussäen von Weizen und Hafer gerüstet zu sein. Er musste seine Arbeit möglichst früh beginnen, denn er hatte im Ganzen 100 Morgen Weizenland und 50 Morgen Haferland auf seiner Siedlerstelle zu besäen. Im Schuppen hielt Laura die Kornsäcke auf, während Almanzo den Weizen hineinschaufelte. Der Schuppen war kalt. Die Kornsäcke lagen grob und hart in der Hand und der Weizen staubte.
Laura wurde schwindlig, als sie die Weizenkörner in das offene Maul des Getreidesackes rieseln sah. Wenn sie ihren Blick abwandte, wurden ihre Augen unwiderstehlich zu den Zeitungsblättern gezogen, mit denen die Schuppenwände abgedichtet waren, und sie musste die gleichen Texte wieder und wieder lesen. Das war nicht einfach, weil viele Seiten verkehrt aufgeklebt worden waren, aber sie musste sie trotzdem lesen. Worte! Worte! Die Welt war voll von Worten und Weizenkörnern.
Dann hörte sie Almanzo sagen: »Setz dich eine Minute hin! Du bist müde.«
Laura setzte sich folgsam hin, aber sie war nicht müde. Sie war krank. Am nächsten Morgen fühlte sie sich sehr elend und Almanzo musste sich sein Frühstück selbst bereiten.
Einige Tage lang glaubte sie sich einer Ohnmacht nahe, wenn sie das Bett verließ. Der Doktor kam und sagte, sie müsse ruhig liegen bleiben. Er versicherte ihr, dass sie sich

in Kürze wieder besser fühlen würde und dass in einigen Monaten alles wieder in bester Ordnung sein würde. Laura sollte ein Baby bekommen.

Das war es also! Aber sie durfte nicht nachgeben. Sie würde auf dem Posten bleiben und ihre Hausarbeit erledigen, damit Almanzo seiner Feldarbeit nachgehen und später die Ernte einbringen konnte. Es hing nun so viel von der diesjährigen Ernte ab und sie hatten nicht das Geld, eine Hilfe anzuheuern.

Bald kroch Laura wieder im Haus umher und tat, was getan werden musste. Wenn sie es einrichten konnte, legte sie sich ein paar Minuten nieder, um ihr Schwindelgefühl zu überwinden. Das Haus wirkte jetzt nicht mehr ganz so ordentlich, denn sie konnte es nicht mit der gewohnten Sorgfalt betreuen.

Wenn sie sich schlecht fühlte und trotzdem ihrer Arbeit nachgehen musste, lächelte sie oft jämmerlich vor sich hin und erinnerte sich an ein Lieblingswort ihrer Mutter: »Wer tanzen will, muss die Musik bezahlen.« Ja, jetzt musste sie bezahlen, aber die Arbeit wollte trotzdem getan werden.

Die Bäume wuchsen nicht sehr gut heran. Das trockene Wetter des letzten Sommers hatte ihnen zu schaffen gemacht und man musste auf sie Acht geben. In einigen Jahren mussten die 10 Morgen mit der vorgeschriebenen Anzahl gut gewachsener Bäume bepflanzt sein, wenn Almanzo seinen Anspruch auf das Baumland nachweisen und ihn bestätigt haben wollte.

Darum pflügte Almanzo um jeden kleinen Baum herum und düngte die Baumscheiben sorgfältig.

In der Frische des Frühlings vermisste Laura ihre Ausfahrten über die begrünte Prärie. Ihr fehlten die wilden Veilchen, die die Luft mit ihrem zarten Duft tränkten. Aber als im Juli die Zeit der Wildrosen anbrach, konnte sie wieder hinter Skip und Barnum im Buggy sitzen und sich auf den Landstraßen herumfahren lassen, an denen die Prärierosen an ihren niedrigen Büschen in Tönungen vom zarten Rosa bis zum tiefsten Rot glühten und süß dufteten. Auf einer dieser Ausfahrten brach sie unvermittelt ihr Schweigen: »Wie wollen wir unser Kind nennen?« »Dafür ist es jetzt noch zu früh«, antwortete Almanzo. »Erst müssen wir doch wissen, ob es ein Junge oder ein Mädchen wird.« Nach einem neuerlichen Schweigen sagte Laura: »Ich weiß, dass es ein Mädchen sein wird, und wir werden es Rose nennen.«

In diesem Frühjahr regnete es viel. Es regnete auch noch im Sommer oft und die kleinen Bäume fassten neuen Mut und hängten ihre kleinen grünen Blätter in den Wind, während sie sich mit jedem Tag etwas höher reckten. Das blaue Stängelgras wuchs hoch auf der Prärie und das Sumpfgras wucherte in den Tümpeln, in denen sich das Regenwasser sammelte. Vor allem aber gediehen Weizen und Hafer prächtig, weil es so viel Regen gab.

Die Tage vergingen und der Weizen stand stark und grün mit vollen Ähren da. Noch ein paar Tage mehr und er würde zur Ernte reif sein.

Selbst wenn eine Trockenheit kommen sollte, wäre für eine gute Ernte gesorgt, denn der Weizen würde am Halm reifen.

Endlich war es so weit. Almanzo kam vom Feld zurück. Er hatte den Weizen geprüft und entschieden, dass er mit dem

Mähen beginnen konnte. Der Weizen stünde großartig, sagte er. Er würde vierzig Scheffel auf den Morgen bringen und von erster Güte sein. Bei der Ablieferung am Getreidespeicher der Stadt müsste Almanzo mindestens 75 Cents für den Scheffel erlösen.

»Habe ich dir damals nicht gesagt, dass sich alles im Leben ausgleicht? Die Reichen haben im Sommer Eis, dafür bekommen es die Armen im Winter.« Almanzo lachte und Laura lachte mit ihm. Alles war gut. Am nächsten Morgen musste Almanzo in die Stadt fahren und einen neuen Garbenbinder kaufen. Damit hatte er gewartet, bis er sicher sein konnte, dass die Ernte gut ausfallen würde, denn der Binder war teuer: Er kostete 200 Dollar. Aber die Zahlung wurde halbiert. Eine Hälfte des Betrages war nach dem Dreschen des Weizens fällig, die andere Hälfte erst nach dem Dreschen des nächsten Jahres. Auf die gestundete Summe hatte Almanzo nur 8% Zinsen zu zahlen, allerdings musste er als Sicherheit für den Binder seine Kühe verpfänden. Er wollte schnell mit dem Binder zurückkommen, um gleich mit dem Mähen beginnen zu können.

Laura war sehr stolz, als Almanzo mit der neuen Maschine in den Hof einfuhr. Sie sah ihm zu, wie er die vier Pferde vor den Binder spannte und zum Haferfeld fuhr. Der Hafer war als Erstes reif und musste jetzt gemäht werden.

Als Laura ins Haus zurückging, stellte sie eine kleine Kopfrechnung an – 100 Morgen mit 40 Scheffel auf den Morgen würden 4000 Scheffel Weizen erbringen. Zu 75 Cents für den Scheffel würden 4000 Scheffel – ja, wie viel würde das sein? Sie musste ihren Bleistift zu Hilfe nehmen. 4000 Scheffel zu 75 Cents für den Scheffel würden

3000 Dollar einbringen. Das konnte nicht sein! Aber doch, es stimmte! Himmel, sie würden reich sein!
Sie musste Almanzo zugeben, dass auch die Armen zu ihrem Eis kamen.
Nun konnten sie die Mähmaschine bezahlen und auch den Heurechen, den Almanzo im vergangenen Jahr gekauft hatte und wegen der schlechten Ernte nicht bezahlen konnte. Die Schuldscheine über 75 und 40 Dollar und die Pfandscheine auf Skip und Barnum würden nach dem Dreschen fällig sein. Wegen der Schuldscheine hatte sich Laura keine Gedanken gemacht, aber die Pfandscheine auf Skip und Barnum hatte sie gehasst. Der nächste Schritt wäre gewesen, auch Almanzo zu verpfänden. Aber all diese Scheine würden nun bald eingelöst sein, dazu der Schuldschein für den leichten Pflug. Sie glaubte, dass auch einige Schulden in den Geschäften abzutragen wären. Aber viel konnte das nicht sein. Vielleicht konnten sie nun eine Hilfe für die Hausarbeit nehmen, bis das Baby angekommen war. Dann könnte sie sich ausruhen. Und sie hatte Ruhe dringend nötig, denn da sie ihre Nahrung nur ein paar Minuten lang bei sich behielt, hatte sie nicht viel, wovon sie zehren konnte, und war sehr schwach. Vor allem würde es angenehm sein, wenn jemand anders kochen würde. Der Küchengeruch machte ihr jetzt schrecklich zu schaffen.
Almanzo mähte die fünfzig Morgen Hafer mit dem neuen Binder an einem Tag. Am Abend jubilierte er. Er hatte eine wundervolle Hafterernte eingebracht und am frühen Morgen wollte er mit dem Weizen anfangen. Aber am nächsten Morgen kehrte Almanzo mit seinem Gespann zum Stall

zurück, nachdem er erst zweimal um den Weizenacker herumgemäht hatte. Es war besser, das Korn noch ein paar Tage länger auf dem Halm stehen zu lassen. Als er mit dem Mähen begonnen hatte, musste er feststellen, dass der Weizen noch nicht ganz reif war, und er wollte vermeiden, geschrumpfte Körner zu ernten, die vom noch etwas grünen Halm kamen. Aber die Ähren waren noch voller, als er angenommen hatte, und es schien, als würden es auf den Morgen noch mehr als 40 Scheffel werden. Laura wurde unruhig. Sie wollte den Weizen möglichst schnell gemäht und aufgestellt wissen. Von ihrem Fenster aus konnte sie den neuen blitzenden Binder am Rande des Weizenfeldes stehen sehen. Und sie fand, dass auch er ungeduldig dreinsah.

Am Nachmittag kamen Bekannte, Herr und Frau Devos. Cora Devos stieg aus, um ein paar Stunden bei Laura zu verweilen, während Walter Devos in die Stadt weiterfuhr. Die beiden Devos waren ungefähr gleichaltrig mit Almanzo und Laura und waren ebenso lange wie sie verheiratet. Laura und Cora waren gute Freundinnen, und so konnte es ein netter Nachmittag werden mit der Einschränkung, dass ihnen die Hitze fast unerträglich schien.

Im Laufe des Nachmittags steigerte sich die Hitze noch und es herrschte absolute Windstille, was sehr ungewöhnlich war. Sie japsten nach Luft und fühlten sich recht unbehaglich.

Gegen drei Uhr nachmittags kam Almanzo aus dem Stall zu den beiden Frauen und meinte, dass es sicher regnen würde. Er war froh, dass er den Weizen noch nicht gemäht hatte, denn sonst wären womöglich die Garben dem

Regenschauer ausgesetzt, ehe er die Getreidemandeln aufsetzen konnte. Die Sonne verdunkelte sich und der Wind brauste los; als es noch dunkler wurde, erstarb er wieder. Dann wurde es etwas heller, aber die Welt stand nun in einem grünen, gefährlichen Licht und ein Windstoß kündigte den Sturm an. Erst regnete es ein wenig, dann fiel der Hagel, zuerst verstreut, später heftiger und schneller, bis es richtige Eisbrocken hagelte. Manche waren so groß wie Hühnereier.

Almanzo und Cora standen an den Fenstern. Durch den Regen und Hagelschauer konnten sie nicht weit sehen, aber sie erkannten, dass Ole Larsen an seine Haustür kam und ins Freie trat. Sie sahen ihn fallen, jemand langte aus der Tür, ergriff seine Füße und zog ihn ins Haus zurück. Die Tür wurde wieder geschlossen.

»So ein Pech«, sagte Almanzo, »ein Hagelstein ist ihm auf den Kopf gefallen.«

Nach zwanzig Minuten hatte der Sturm sich ausgerast, und als sie den Getreideacker wahrnehmen konnten, sahen sie, dass der Binder noch dort stand, aber dass der Weizen platt an den Boden gedrückt war. »Ich glaube, unseren Weizen hat's erwischt«, sagte Almanzo. Aber Laura konnte nicht sprechen. Almanzo ging über die Straße um herauszufinden, was Mr Larsen zugestoßen war. Als er nach ein paar Minuten zurückkam, berichtete er, dass Mr Larsen vor die Tür getreten war, um ein sehr großes Hagelkorn aufzuheben, das er unbedingt messen wollte. Er bückte sich gerade danach, als ihm ein anderer Eisbrocken auf den Kopf schlug. Nachdem er ins Haus zurückgeholt worden war, hatte er ein paar Minuten bewusstlos dagelegen, aber nun

war er, abgesehen von einer Kopfwunde, wieder auf dem Posten.
»Und jetzt wollen wir Eiscreme machen«, sagte Almanzo. »Du, Laura, kannst sie zubereiten, und ich werde Hagelkörner sammeln, damit die Creme gefrieren kann.«
Laura wandte sich zu Cora, die noch sprachlos aus dem Fenster sah. »Ist dir nach einer Feier zumute?«, fragte sie, und Cora antwortete: »Nein! Ich muss nach Hause und sehen, was sich dort getan hat. An Eiscreme würde ich jetzt ersticken!«
Der Sturm hatte nur zwanzig Minuten gedauert, aber er ließ eine verwüstete, im Regen ertrinkende, vom Hagel zerschlagene Welt hinter sich. Ungeschützte Fenster waren zerbrochen; sofern sie mit Läden geschützt waren, waren die Fensterläden zertrümmert und aus den Angeln gerissen. Die Hagelkörner lagen wie eine dicke Eisschicht auf der Erde, hier und da waren sie zu kleinen Hügeln aufgeweht worden. Die jungen Bäume waren ihrer Zweige und ihrer Blätter beraubt und die Sonne beschien all dieses Unheil mit einem dünnen, wässrigen Licht. Dies war die Vernichtung der Arbeit eines Jahres, die Vernichtung von Hoffnungen und Plänen für ein leichteres, sorgenfreies Dasein. In diesem Jahr brauchte Laura nicht für die Drescher zu kochen. Davor und vor dem Dreschen hatte sie sich gefürchtet. Almanzo sagte oft: »Es gibt keinen Verlust, der nicht einen kleinen Gewinn mit sich brächte.« Laura ärgerte sich, dass sie jetzt an diesen kleinen Gewinn denken konnte.
Laura und Cora saßen bleich und schweigend da, bis Walter Devos an der Tür hielt und Cora in den Wagen half. In

seiner Eile, nach Hause zu kommen und zu sehen, was der Sturm dort angerichtet hatte, hätte er fast den Abschiedsgruß vergessen.
Almanzo ging hinaus, um nach dem Weizenfeld zu sehen, und kam traurig zurück. »Es gibt keinen Weizen mehr, den man mähen könnte«, sagte er. »Er ist schon gedroschen und dabei in den Boden gehämmert worden. Für dreitausend Dollar stand Weizen auf den Halmen, aber ich muss ihn in der falschen Jahreszeit ausgesät haben.«
Laura wisperte vor sich hin: »Der arme Mann bekommt sein –«
»Was sagst du da?«, fragte Almanzo.
»Ich wollte nur sagen, dass diesmal auch der arme Mann sein Eis im Sommer bekommen hat.«
Am nächsten Nachmittag konnte man an geschützten Stellen noch immer die kleinen Eishügel sehen. Wenn Pläne zunichte geworden sind, müssen die zerrissenen Gedankenfäden aufgenommen und wieder miteinander verbunden werden. Der Winter war nicht sehr fern, sie mussten Kohlen kaufen, um ihn zu überstehen. Dafür allein würden sie zwischen sechzig und hundert Dollar brauchen. Für die Frühlingssaat musste neues Saatgut heran und die Schuldscheine für die Maschinen würden fällig werden.
Da war der neue Binder, der nur dazu gebraucht worden war, fünfzig Morgen Hafer zu mähen, da waren der leichte Pflug, der Heurechen, die Sämaschine, die im Frühjahr gute Dienste geleistet hatte, und der neue Wagen. »Eine Schuld von 700 Dollar auf unserem Haus!«, rief Laura aus, als sie alles zusammengerechnet hatten. »Das habe ich nicht gewusst!«

»Nein«, sagte Almanzo. »Ich dachte nicht, dass ich dich auch noch damit belasten müsste.«
Irgendetwas musste schnell geschehen, darum sollte Almanzo morgen in die Stadt gehen und prüfen, was getan werden konnte. Vielleicht konnte er auf die Siedlerstelle eine Hypothek aufnehmen, die war nun Gott sei Dank sein Eigentum. Aber den Baumacker konnte er nicht beleihen. Er gehörte dem Staat, bis die Bäume herangewachsen waren. Laura glaubte ihren Vater singen zu hören: »Unser Onkel Sam ist reich genug, uns allen eine Farm zu schenken.« Diese Schulden von 700 Dollar hatten ihr einen Schock versetzt, sie rechnete wieder und wieder, aber sie musste damit aufhören, oder sie würde verrückt werden.
Später kam Almanzo darauf, dass er seine Schuldscheine um ein Jahr verlängern könnte, wenn er dafür die Zinsen bezahlte. Er würde auch den Termin der ersten Zahlung für den Binder auf den nächsten Herbst verschieben können und die Restzahlung im übernächsten Jahr leisten. Ferner könnte er sein Wildheu um 4 Dollar für die Tonne verkaufen. Er müsste es an die Bahnstation schaffen und würde dort Käufer finden, die das Heu nach Chicago weiterverkauften. So sah alles schon ein wenig besser aus.
Aber Almanzo konnte keine Hypothek auf die Siedlerstelle aufnehmen, wenn er nicht darauf wohnte, und er brauchte dieses Geld für die fälligen Zinsen, für ihren Lebensunterhalt und für das Saatkorn. An dieses Geld kamen sie also nur heran, wenn sie für immer auf die Siedlerstelle zogen. Sobald sie dort wohnten, konnte Almanzo eine Hypothek in Höhe von 800 Dollar bekommen.
Almanzo hatte auch mit einem Neuankömmling gespro-

chen, der ihm Kate und Bill für einen höheren Betrag abkaufen wollte, als er selbst bezahlt hatte. Die Pferde waren entbehrlich, denn Skip und Barnum konnten zusammen mit Trixy und Fly die notwendige Arbeit auf der Siedlerstelle leisten. Wenn er das Baumland verpachtete, konnte Almanzo auf der Siedlerstelle größere Ernten erzielen und von dieser einen Farm mehr Gewinn haben, als wenn er versuchte, beide, Farmland und Baumacker, allein zu bewirtschaften.

Die Hütte auf der Siedlerstelle musste einen Anbau erhalten, ehe sie dort hinziehen konnten, aber ein einzelner größerer Raum mit einem Keller darunter würde ihnen genügen, wenn sie die Hütte als Vorratsraum und Schuppen benutzten. So war es also entschieden. Almanzo eilte auf den Acker, um das Haferstroh einzufahren, aus dem der Hagel die Körner herausgeschlagen hatte. Das Stroh konnte er an Stelle von Heu verfüttern und hatte damit mehr Heu für den Verkauf frei. Als das Stroh auf der Siedlerstelle gestapelt worden war, grub Almanzo das Erdloch für den Keller aus, darüber errichtete er den einräumigen Anbau zur Hütte.

Dann richtete er das Gerüst des Stalles auf und mähte Sumpfgras. Als das Gras getrocknet war, füllte er das Gerüst damit aus und hatte nun einen warmen Stall.

Jetzt war alles für den Umzug bereit. Am Tag nach der Fertigstellung des Stalls zogen Almanzo und Laura auf die Siedlerstelle. Das geschah am 25. August. Aus Winter und Sommer war ihr erstes Jahr geworden.

Das zweite Jahr

Es war ein wunderschöner Tag, jener 25. August des Jahres 1886, an dem sich Almanzo und Laura auf ihrer Siedlerstelle heimisch machten.

»Ein herrlicher Tag, so schön wie unser Hochzeitstag vor einem Jahr. Es ist ebenso ein Neubeginn wie damals und wir haben auch wieder ein neues Heim, mag es auch kleiner sein als das erste.«

»Jetzt wird alles gut, du wirst es erleben! Alles gleicht sich am Ende aus. Der reiche Mann ...«

Almanzo verstummte, aber Laura musste das irische Sprichwort für sich selbst wiederholen: »Der Reiche hat sein Eis im Sommer, der Arme bekommt es im Winter.« Sie aber hatten ihr Eis im Winter und mit jenem Hagelschauer auch im Sommer bekommen. Doch sie wollte nicht mehr daran denken. Die Hauptsache war jetzt, dass sie sich im neuen Heim gut einrichteten und dass Almanzo sich darin zu Hause fühlte. Almanzo war am meisten betroffen, er musste hart arbeiten und gab sein Bestes. Das neue Haus war gar nicht so schlecht. Der angebaute Raum war 3 x 4 Meter groß; er lag nach Süden. Tür und Fenster gingen auf eine kleine Veranda, am westlichen Ende wurde das Zimmer von der alten Hütte abgeschlossen.

Auch in der Ostwand saß ein Fenster. Daneben hing ein Spiegel, darunter stand ein Tisch. Ihr großes Bett stand an der Nordwand des Zimmers, es reichte fast bis ans andere Fenster. In der nordwestlichen Ecke befand sich der Ofen, neben ihm stand ein Büfett. Der Esstisch hatte seinen Platz am südlichen Ende des Raums an der Westwand.
Am östlichen Ende des Zimmers lag der Teppich aus ihrem alten Schlafzimmer, darauf standen der Sessel und Lauras kleiner Schaukelstuhl zwischen den Fenstern. Morgens schien die Sonne herein und erhellte den Raum. Alles bot sich behaglich und gefällig dar.
Die Hütte, die nun Vorratsraum war, war entsprechend eingerichtet worden, die Tiere waren in ihrem neuen Stall gut untergebracht. Gegen den Wind aus Norden und Westen wurde er von einem niedrigen Hügel geschützt, und da der neue Stall nach Süden lag, würde er im Winter warm sein.
Das ganze Anwesen war neu und versprach Gutes. Der Wind wehte durch das hohe Gras im Sumpf, der sich vom Fuß des Hügels am Stall bis zur Süd- und Ostgrenze ihrer Farm erstreckte. Das Haus stand auf der Höhe des niedrigen Hügels und Almanzo und Laura würden immer die grüne Prärie vor sich liegen sehen. Das Pflugland lag außer Sicht im Norden des Hügels. Das freute Laura besonders. Sie liebte die Weite der unberührten Prärie, und die würde unversehrt bleiben, denn ihre ganze Siedlerstelle war mit Ausnahme eines Ackers Wiese. Die zehn Morgen kultiviertes Land machte das Gesetz zur Bedingung, ehe eine Siedlerstelle dem Siedler übereignet werden konnte. Die Wiese im Norden stieg an und war mit blauem Stängelgras be-

setzt, nicht mit dem hohen Sumpfgras, das so üppig an den Tümpeln in der Ebene wucherte. Jetzt war die Zeit des Heuens und jeder Tag brachte mehr Heu, das für den Winter aufgestapelt werden konnte.

Des großen Hagelschauers wegen war das Heu in diesem Jahr ihre einzige Ernte. Wenn sie ihr Frühstück verzehrt hatten, spannte Almanzo Skip und Barnum vor die Mähmaschine und begann mit dem Mähen des Grases. Laura ließ ihre Morgenarbeit liegen und ging mit hinaus, um den Beginn des Mähens mitzuerleben. Weil die Luft so frisch und der Geruch des neu geschnittenen Grases so rein und süß war, lief sie weiter in die Prärie hinein und pflückte wilde Sonnenblumen und Indianerdisteln. Wenn sie müde war, wandte sie sich zum Haus und ihrer Arbeit zurück.

Am liebsten war sie jetzt im Freien. Sie würde lange genug ans Haus gefesselt sein, wenn ihr Baby zur Welt kam. Auch fühlte sie sich in der frischen Luft bedeutend wohler. Darum mied sie das Haus, wenn ihre Arbeit das irgend gestattete, und ging lieber zu Almanzo auf sein Grasland.

Wenn Almanzo das getrocknete Heu auf den großen Heuwagen zu laden begann, um es zum Stall zu schaffen, stand Laura auf dem Wagen. Sie stampfte jede Ladung der Heugabel fest. So wuchs sie mit dem Heu höher, bis sie ganz oben auf dem Wagen saß und mit ihm zum Stall fahren konnte. Am Stall ließ sie sich in Almanzos ausgestreckte Arme gleiten und stand wieder auf festem Boden.

Die Heuschober, die Almanzo auf dem Feld stehen lassen wollte, holte er mit einem Ochsenrechen zusammen. Das war eine lange, breite Bohle, die in ihrer ganzen Länge in entsprechenden Abständen mit festen Holzzähnen besetzt war. An jedes Ende der Bohle wurde ein Pferd gespannt und dann zogen beide den Ochsenrechen langsam über eine breite Schwadenreihe des Heus. Die Zähne des Rechens griffen unter das Heu und schoben es zusammen. Wenn eine genügend große Ladung auf dem Platz angekommen war, an dem ein Schober stehen sollte, kippte Almanzo die Bohle um. Sie hob sich über das Heu hinweg und ließ einen Haufen zurück. Ein paar Haufen bildeten das Fundament des Schobers. Weiter zogen die Pferde an ihrem Ochsenrechen und aus neuen Haufen, die sie auf dieses Fundament schoben, baute sich der Schober allmählich auf.

Barnum verstand sich auf seine Arbeit und ging ungeleitet gemächlich an seinem Ende der Bohle über eine Schwadenreihe voran. Aber Skip blieb stehen, sobald er den Treiber nicht hinter sich wusste; darum trieb Laura Skip bis zum Schober und setzte sich dann auf dessen Sonnenseite ins duftende Heu, während Almanzo eine neue Ladung zusammenrechte. War der Schober hoch genug, harkte Almanzo die Seiten mit seiner Heugabel sauber und füllte die Lücken mit dem herumliegenden Heu aus, sodass der Schober nach allen Seiten abgeschirmt und sauber gebaut dastand. Dann legte er zum Abschluss auf die Spitze des Schobers noch eine Ladung Heu von seinem Heuwagen.

So brachten sie den schönen Herbst mit dem Heumachen zu. Die Nächte wurden kühler, der Frost kündigte sich an. Almanzo hatte eine Anleihe von 800 Dollar auf die Sied-

lerstelle aufgenommen und konnte nun die Kohlen für den Winter kaufen, die er im Vorratsschuppen aufstapelte.
Die Steuer war mit 60 Dollar bezahlt worden (auf dem Baumland lag keine Steuer, weil es ihnen noch nicht übereignet worden war). Sie hofften, genügend Dollar für das Saatgut des Frühjahrs und für den Lebensunterhalt bis zur nächsten Ernte übrig zu haben.
Das Heu hatte ihnen sehr geholfen. Almanzo hatte 30 Tonnen für 4 Dollar je Tonne verkaufen können und so standen sie um 120 Dollar besser. In diesem Jahr erschienen die Wildgänse später aus dem Norden. Als sie kamen, schienen sie es nicht besonders eilig zu haben, nach Süden weiterzufliegen. Sie fielen in die Sümpfe ein und flogen zu den Seen, wo das Wasser von ihnen fast verdeckt war, wenn sie hin und her schwammen. Sie erfüllten mit ihren Scharen in V-Form den Himmel und die Luft erscholl von ihren Schreien. Eines Tages kam Almanzo ins Haus gelaufen, um seine Flinte zu holen. »Ein Gänseschwarm wird ganz niedrig über unser Haus fliegen, ich glaube, dass ich eine Gans herunterholen kann«, sagte er. Er stürzte mit der Flinte aus dem Haus und vergaß in der Eile, dass die alte Flinte zum Rückstoß neigte. Er hielt sie vor seine Augen, holte Luft und zog ab. Laura kam in dem Augenblick an die Tür, als er um sich selbst wirbelte und seine Hand vors Gesicht hielt.
»Hast du eine Gans getroffen?«, fragte sie.
»Ja, aber sie hat es leider nicht gemerkt«, antwortete Almanzo und wischte sich das Blut von der Nase. Unterdessen flog der Gänseschwarm unbeirrt weiter, um sich zu seinen Artgenossen auf dem See zu gesellen.

Da die Gänse zu wissen schienen, dass sie sich auf ihrem Flug nach Süden nicht beeilen mussten, war anzunehmen, dass dieser Winter leicht sein würde. Der kleine Acker war schnell gepflügt und die eilige Arbeit war getan. Als der November kam, fiel Schnee und bedeckte die Erde. Das gab eine gute Schlittenbahn. Almanzo und Laura zogen ihre Winterkleidung und die schweren Mäntel an und machten an sonnigen Nachmittagen weite Schlittenfahrten. Weil Laura sich im Freien so viel besser fühlte, fertigte Almanzo einen Handschlitten an und ein Brust- und Schulterzaumzeug für Old Shep.

An freundlichen Tagen spannte Laura ihren Shep an den Handschlitten und ließ sich von ihm vom Hügel herab zur Straße ziehen. Dann erklommen sie den Hügel wieder, Shep zog den Schlitten und Laura ging neben ihm, bis sie oben auf dem Hügel waren und eine neue Abfahrt machen konnten. So ging es auf und nieder, bis Laura vom Steigen und vom Spaß müde wurde. Shep ermüdete bei diesem Spiel nie; wenn Laura in einer Schneewehe landete und umkippte, sah es ganz so aus, als wolle er sie auslachen.

Der November ging vorbei und zog den Dezember nach sich. Am Morgen des 5. Dezember schien die Sonne, aber im Norden wollte ein Sturm heraufziehen.

»Es ist besser, wenn du heute nach draußen gehst, denn morgen kann es stürmisch werden«, sagte Almanzo. Also spannte Laura nach dem Frühstück Shep an seinen Schlitten und machte ihre erste Abfahrt vom Hügel zur Straße. Aber nach kurzer Zeit kam sie zum Haus zurück.

»Heute ist mir gar nicht nach Schlittenfahren zumute«, be-

richtete sie Almanzo, als er aus dem Stall kam. »Ich möchte mich lieber beim Ofen zusammenkuscheln.« Nach dem Kochen des Mittagsmahls saß sie wieder müßig in ihrem kleinen Schaukelstuhl. Almanzo wurde unruhig.
Am Nachmittag ging er in den Stall und kam mit dem bespannten Pferdeschlitten heraus.
»Ich fahre zu deiner Mutter«, sagte er. »Halte dich bitte ruhig, bis wir da sind.« Es schneite heftig, als Laura von ihrem Fenster aus beobachtete, wie Almanzo mit den schnell trabenden Pferden die Straße hinabfuhr. Sie dachte, dass dieses Tempo ihnen bei dem Rennen zur Feier des 4. Juli den Preis gebracht haben würde. Dann wanderte sie im Zimmer auf und ab oder saß am Ofen, bis Almanzo mit ihrer Mutter eintraf.
»Du meine Güte«, sagte Ma, die sich am Ofen aufwärmte, »du gehörst sofort ins Bett.«
Worauf Laura antwortete: »Ich werde jetzt lange genug im Bett bleiben müssen, darum will ich so lange auf sein, wie ich nur kann.«
Aber bald hatte sie nichts mehr gegen ihr Bett einzuwenden und nahm nur undeutlich wahr, dass Almanzo ein zweites Mal in die Stadt fuhr, um eine Freundin ihrer Mutter herbeizuholen. Mrs Powers war eine freundliche, lustige Irin. Laura wurde sich ihrer Anwesenheit bewusst, als sie Mrs Powers sagen hörte: »Es wird alles gut gehen, so jung, wie sie ist. Auch meine Mary ist 19 Jahre alt. Aber ich glaube, es wird doch gut sein, jetzt den Doktor dabei zu haben.« Als Laura wieder einmal die Augen aufschlug und erkannte, was um sie herum vorging, standen Ma und Mrs Powers an den Seiten ihres Bettes. Stand da Alman-

zo am Fußende? Nein! Almanzo war zum dritten Mal unterwegs. Später sah sie zwei Mas und zwei Mrs Powers an ihrem Bett. Sie schienen sich um sie herum zu bewegen.
Krampfhaft bemühte sich Laura, die Zeilen eines alten Kirchenliedes zusammenzubringen, das ihr Vater öfter gesungen hatte.

> ... Schutzengel komm
> und steh mir bei.
> Trage mich fort auf deinen
> schneeweißen Flügeln
> dorthin ...

Sie wurde fortgetragen – auf einer Woge von Schmerz. Ein Anhauch von kalter frischer Luft brachte sie ins Bewusstsein zurück, und sie sah, wie ein großer Mann seinen beschneiten Überzieher an der Tür abwarf und im Lampenschein zu ihr trat. Verschwommen spürte sie, dass ein Tuch sich auf ihr Gesicht legte, und dann atmete sie einen scharfen Geruch ein. In einer gesegneten Dunkelheit trieb sie hinweg, in der es keinen Schmerz gab.
Als Laura ihre Augen wieder aufmachen konnte, schien die Lampe noch immer in ihrem Zimmer. Ma beugte sich über sie und der Arzt stand daneben. An ihrer Seite lag ein kleines warmes Bündel im Bett.
»Sieh nur deine Tochter, Laura! Ein schönes Baby, es wiegt fast 8 Pfund«, sagte ihre Mutter.
»Laura ist selber ein gutes Mädchen!«, meinte Mrs Powers, die am Ofen saß. »Ein gutes, tapferes Mädchen, darum

wird auch das Baby gut sein. Und jetzt ist alles in Ordnung.«

Almanzo konnte den Doktor und Mrs Powers wieder nach Hause fahren. Ihre Mutter blieb bei ihr und Laura fiel in einen erholsamen Schlaf, wobei ihre Hand sanft auf dem kleinen Bündel lag.

Rose war wirklich ein gutes Baby, so kräftig und gesund, dass Lauras Mutter nur ein paar Tage bei ihr bleiben musste. Dann kam Hattie Johnsen, um anstatt der Fenster diesmal das Baby zu waschen, wie sie sagte.

Auch Hattie verschwand bald wieder, und nun hatten die drei, Almanzo, Laura und Rose, das kleine Haus auf dem Hügel ganz für sich, um das sich die leere Prärie in einem weiten Bogen legte. Sie hatten kein Nachbarhaus in der Nähe, nur hinter dem Sumpf waren eine Meile entfernt am Rande der Stadt einige Häuser sichtbar.

Hundert kostbare Dollar waren für Medizin und die Arztrechnung draufgegangen. Sie hätten mithelfen sollen, durch den Winter und Sommer zu kommen, aber daran durften die glücklichen Eltern jetzt nicht denken. Eine Rose im Dezember war viel seltener als eine Rose im Juli – und natürlich auch viel teurer.

Das Christfest stand vor der Tür und Rose war ein wundervolles Geschenk. Dazu fuhr Almanzo am Heiligen Abend mit einer Ladung Heu in die Stadt und kam mit der allerschönsten Standuhr wieder. Von ihrem festen Sockel aus Walnussholz bis zu den geschnitzten Blättern an der Spitze maß sie fast anderthalb Meter. Die Glastür, die ihr Zifferblatt stützte, war mit vergoldetem Weinlaub umrahmt, auf dem vier goldene Vögel saßen, und auch das

Pendel, das hinter ihnen hin- und herschwang, schien aus lauterem Gold zu sein.

Die Uhr ließ ihr Ticktack mit einer angenehmen, heiteren Stimme hören und ihr Stundenlied war klar und freundlich. Laura schloss die Uhr sofort in ihr Herz.

Auf ihren alten runden Nickelwecker war kein Verlass mehr, aber zur Not wäre es noch mit ihm gegangen, darum sagte Laura trotzdem zweifelnd: »Hättest du nicht …« Aber Almanzo hielt dagegen, dass er die Uhr für seine Ladung Heu eingetauscht hatte und sie sollte ja das Weihnachtsgeschenk für sie alle drei sein. Er hatte so viel Heu, dass er alle Tiere gut über den Rest des Winters bringen würde, und um Geld hätte er die Heuladung nicht losgebracht, weil das Heu jetzt nicht mehr nach Chicago transportiert werden konnte.

Das Weihnachtsfest brachte ihnen glückliche Tage, auch wenn es stürmische Tage waren. Sie verbrachten das Fest still in ihrem Haus.

Nach Weihnachten ließ der Sturm nach und das Wetter war klar und sonnig bei großer Kälte, minus 25 oder 30 Grad an manchen Tagen.

Aber ein bestimmter Tag schien ihnen ungewöhnlich warm, und da Laura noch nicht aus dem Haus gekommen war, schlug sie eine Schlittenfahrt zu Vater und Mutter vor. Ob sie wohl das Baby ohne Bedenken mitnehmen konnten? Sie waren sicher, dass es möglich war. Ein paar Decken wurden am Ofen gewärmt. Almanzo fuhr den Schlitten ganz nah an die Tür und machte unter dem Sitzleder aus den warmen Decken ein kleines Nest. Rose wurde mit ihrem kleinen roten Umhang in ihre eigenen warmen

Decken gehüllt, ein Seidentuch schützte ihr Gesichtchen und schließlich wurde sie fest in die gewärmten Decken eingewickelt.
Dann ging's los. Die Pferde trabten munter und die Schlittenglöcklein klingelten fröhlich. Immer wieder steckte Laura ihre Hand zwischen die Decken und betastete Roses Gesicht um sicherzugehen, dass Rose warm war und unter ihrem Tuch Luft bekam. Als sie am Elternhaus vorfuhren, schienen nur wenige Minuten vergangen. Schnell gingen sie ins Haus und wurden mit Vorwürfen empfangen. »Ihr seid reinweg verrückt«, sagte Pa. »Mit dem Baby ausfahren, wenn wir 15 Grad unter Null haben«. Das Thermometer zeigte, dass Pa Recht hatte. »Rose könnte erstickt sein«, setzte Ma hinzu.
»Aber ich habe immer aufgepasst. Es konnte ihr nichts geschehen«, rief Laura.
Und Rose wackelte mit den Fingern und krähte vergnügt. Sie war warm und glücklich und hatte unterwegs schön geschlafen.
Laura hätte nie gedacht, dass es gefährlich sein könnte, ihr Baby ins Freie mitzunehmen. Auf dem Heimweg war sie sehr besorgt um ihr Kind, und sie war froh, als sie sicher wieder im eigenen Haus waren. Wahrscheinlich war es doch nicht so einfach, für sein Kindchen zu sorgen. Also fanden längere Zeit keine Schlittenfahrten mehr statt und erst an einem wirklich warmen Tag besuchten sie wieder gute Freunde – die Boasts.
Herr und Frau Boast lebten für sich allein auf einer vier Meilen entfernten Farm. Sie hatten keine Kinder und fanden im Bewundern von Rose kein Ende.

Als der Besuch schließlich doch sein Ende fand und Mr Boast am Buggy stand, um sie zu verabschieden, tat er den Mund auf, zögerte etwas und sagte schließlich mit bedrückter Stimme: »Wenn ihr Leute uns das Baby lassen wolltet, sodass ich es in unser Haus tragen und Elli es aufziehen kann, dann dürftet ihr euch das beste Pferd in meinem Stall aussuchen und es mit nach Hause führen.«
Almanzo und Laura waren stumm vor Staunen und Mr Boast fügte hinzu: »Ihr könnt ganz leicht ein neues Baby haben. Wir aber nicht, wir werden kinderlos bleiben.« Almanzo nahm die Zügel auf und Laura rief zitternd: »O nein! Nein! Fahr zu, Almanzo!« Als sie sich von Boasts Haus entfernten, drückte sie Rose fest an sich, aber Mr Boast tat ihr sehr Leid, wie er so verzagt dastand und ihnen nachschaute. Und auch Mrs Boast tat ihr Leid, denn sie war sicher, dass Mrs Boast wusste, was Mr Boast ihnen vorschlagen wollte.
Der Rest des Winters ging schnell vorbei. Sie erlebten keinen Sturm mehr und für die Jahreszeit war es warm. Der April kam und auf allen Farmen begann man mit der Aussaat.
Am 12. April ging Almanzo in den Stall, um die Pferde zur Nachmittagsarbeit zu holen.
Als er den Stall betrat, schien die Sonne warm und er dachte nicht an einen Sturm. Nachdem die Pferde aber gekämmt und gebürstet worden waren und er ihnen das Zaumzeug anlegte, um sie aus dem Stall herauszuführen, hörte er ein heftiges Krachen, als sei irgendetwas heftig an die Seitenwand des Stalles geschmettert worden.
Dann kam das Heulen des Windes, und als Almanzo aus

der Scheune sah, war da nichts als wirbelnder Schnee. Ein Blizzard im April! Mitten in der Frühlingsarbeit! Almanzo traute seinen Augen nicht. Er rieb sich die Augen und blickte wieder hinaus. Dann nahm er seinem Gespann das Zaumzeug ab und wandte sich dem Haus zu. Er hatte nur ein paar Schritte, aber er sah nichts als den im Wind steigenden und fallenden Schnee. Zum Glück gaben ihm die Geräte, die an seinem Weg standen, die Richtung an und er tastete sich vom Pflug zum Wagen, vom Wagen zum Pferdeschlitten, und so kam er zur Veranda und zum Haus. Laura versuchte besorgt, von ihrem Fenster aus zum Stall zu sehen, um den Schatten ihres zurückkommenden Almanzo zu erkennen, aber sie sah ihn erst, als er die Haustür öffnete.

Dies war der schlimmste Sturm des ganzen Winters. Er dauerte zwei Tage, unablässig heulte der Wind mit hohem, wildem Kreischen ums Haus.

Aber drinnen im Haus konnte man sich geborgen fühlen. Auch die Tiere standen sicher und warm im Stall und der Linie von Schlitten und Wagen folgend konnte sich Almanzo einmal täglich hin zum Stall und zurück zum Haus tasten, um seine Schutzbefohlenen zu tränken und ihre Krippen zu füllen. Als am Morgen des dritten Tages der Wind nur noch in schwachen Stößen kam und die Sonne glänzend am Himmel aufstieg, blickte sie auf eine Winterwelt hernieder. Viele Menschen hatte der Sturm überrascht, zwei ortsunkundige Reisende hatten ihr Leben eingebüßt.

Als Mr Bowers auf seinem Acker arbeitete, der zwei Meilen südlich der Stadt lag, kamen zwei Fremde vorbei. Sie hielten an und fragten nach dem Weg zu Mr Mathews. Sie kamen aus Illinois und waren mit Mr Mathews befreundet. Mr Bowers zeigte ihnen das Haus auf der Prärie, das gut erkennbar war, und die Fremden wanderten weiter. Bald darauf brach der Sturm los und Mr Bowers flüchtete in sein Haus.

Als der Sturm vorübergezogen war, sah Mr Bowers, dass Mr Mathews auf dem Weg zur Stadt an seinem Haus vorbeiging, und fragte ihn nach seinen Freunden aus Illinois. Aber Mr Mathews hatte niemand gesehen, darum machten sich die beiden auf die Suche.

Die zwei fremden Männer wurden in einem Heuschober gefunden, der in der offenen Prärie stand, weitab von der Richtung, in der sie hätten gehen müssen. Sie hatten Heu herausgerissen und es angezündet, um sich ein Feuer zu machen. Dann hatten sie offensichtlich die Hoffnung aufgegeben, sich in Wind und Schnee an einem offenen Feuer warm halten zu können, und waren in den Schober hineingekrochen. Darin waren sie erfroren.

Hätten sie sich dazu entschlossen, sich ständig zu bewegen, dann hätten sie den Sturm überstehen können, denn er dauerte nur zwei Tage. Oder wenn sie warm angezogen gewesen wären, hätten sie nicht im Schober erfrieren müssen. Aber ihre Kleidung war für den Frühling von Illinois bestimmt und nicht für einen Blizzard im Westen Amerikas.

Der Schnee war schnell weggeschmolzen und nun kam der Frühling wirklich mit dem Lied der Feldlerchen, mit dem süßen Duft der Veilchen und mit neuem Gras, das der Prärie ein schönes weiches, grünes Kleid überwarf. Laura legte ihr Baby in einen großen Korb, setzte ihm ein Sonnenhütchen auf und stellte den Korb in die Nähe, wenn sie und Almanzo im Garten Pflanzen setzten.

Der alte Hund Shep hatte sie verlassen. Er hatte sich nicht an das Dasein Roses gewöhnen können und war immer auf sie eifersüchtig. Eines Tages lief er weg und kam nicht zurück, sein Schicksal blieb unbekannt. Aber ein freundlicher Bernhardiner, der sich verlaufen hatte, ein großer schwarzer Hund, war an ihre Haustür gekommen und an Stelle von Shep aufgenommen worden. Der Bernhardiner sah es als seine besondere Pflicht an, über Rose zu wachen, und wo Rose sich befand, war er auch, um sie herumgeringelt oder aufrecht dicht bei ihr sitzend.

Der Küchenherd war in den Vorratsschuppen gestellt worden, damit der Wohnraum im heißeren Wetter kühl blieb, und in ihrer Sommerküche war Laura glücklich an der Arbeit, während Rose und der große schwarze Hund neben ihr spielten oder auf den Dielen schliefen.

Es war zu unsicher, mit einem Baby hoch zu Ross auszureiten, aber Laura musste ihr Vergnügen nicht missen. Almanzo befestigte eine große Kiste vor Lauras Füßen auf dem Reisewagen, und wenn Lauras Hausarbeit am Nachmittag getan war, spannte sie Barnum vor den Wagen. Rose mit ihrem Sonnenhütchen saß vor ihr in der Kiste und Laura konnte mit ihr überall hinfahren. Manchmal nur in die Stadt, oft auch ins Elternhaus, um ihre Mutter und die Schwestern zu besuchen.

Zuerst sah ihre Mutter es nicht gern, dass sie mit Rose in dieser Weise unterwegs war, aber bald hatte sie sich daran gewöhnt. Barnum war ein schnelles Pferd, aber auch sanft wie ein Reh, und der Wagen fuhr leicht und sicher auf seinen zwei Rädern dahin. Rose konnte aus ihrer Kiste nicht herausfallen und Laura war eine vorsichtige Fahrerin. Almanzo ließ sie losfahren, sooft sie wollte, wenn sie nur rechtzeitig genug zu Hause war, um das Abendessen zu bereiten.

Mit der Arbeit in Haus und Garten, mit der Sorge für Rose und mit den Ausfahrten verging der Sommer wie im Flug und es kam die Zeit des Heuens. Jetzt saß Rose im Windschatten eines Heuhaufens und sah zu, wie Laura ihren Skip vor dem Ochsenrechen über die Heuschwaden führte. Almanzo und Laura liebten es, sich auf den sonnigen Wiesen aufzuhalten. Wenn Rose unter dem Schutz des großen Bernhardiners ihr Schläfchen hielt, lenkte Laura Skip und Barnum an der Mähmaschine, während Almanzo mit Fly und Trixy das Heu zusammenharkte.

Auch in diesem Jahr musste Laura nicht für die Drescher kochen, denn die Pächter des Baumlandes hatten das Dreschen übernommen. Die Getreideernte war nicht entfernt so gut ausgefallen wie erwartet. Der Sommer war zu trocken gewesen. Dazu kam, dass der Weizenpreis gefallen war, es wurden nur 50 Cents für den Scheffel gezahlt.

Aber Almanzo und Laura nahmen trotzdem genügend Geld ein, um alle Zinsen zu zahlen und ein paar von den kleineren Schuldscheinen einzulösen, und auch die erste Rate auf den Binder konnte gezahlt werden. Aber die Schulden für den Wagen, die 500 Dollar, die auf ihrem Haus standen, und die 800 Dollar Pacht für die Siedlerstelle drückten sie noch. Sie mussten Saatkorn für die nächste Aussaat zurückbehalten. Kohlen mussten gekauft

werden und bis zur nächsten Ernte brauchten sie viel Geld für ihren Lebensunterhalt.
Doch Almanzo konnte wieder Heu verkaufen und in diesem Jahr waren auch schon zwei junge Ochsen herangewachsen, die sie losschlagen konnten. Jedes Öchslein würde ihnen 12 Dollar bringen und diese 24 Dollar konnten beim Kauf der Lebensmittel helfen.
Wenn sie die Einbuße durch die Trockenheit bedachten, dann hatten sie gar nicht so schlecht abgeschnitten.
Wieder kam der 25. August und aus Winter und Sommer war ihr zweites Jahr geworden.

Das dritte Jahr

Das kalte Wetter kündigte sich an, und Laura schlug vor, den Küchenofen in ihr Wohnschlafzimmer zurückzustellen. Sie konnte nicht begreifen, warum Almanzo auf ihren Vorschlag nicht einging, bis er eines Tages mit einem Koksofen aus der Stadt zurückkehrte.

Es war ein wundervoller Ofen, das schwarze Eisen war blank poliert und die Nickelbeschläge glänzten.

Almanzo setzte Laura auseinander, dass die Ausgabe für den Ofen ihnen am Ende Geld sparen würde. Der Ofen konnte mit wenig Koks ständig am Brennen gehalten werden, und wenn der Koks auch doppelt so teuer war wie die bisher verheizten Briketts, würden ihre Heizkosten doch geringer sein. Und dazu würde der Ofen Tag und Nacht eine gleichmäßige wohlige Wärme ausstrahlen. Das würde ihnen Erkältungen ersparen. Die Nickelhaube des neuen Ofens war abnehmbar und abgesehen vom Backen konnte Laura jede Kocharbeit auf ihm verrichten. An den Backtagen konnte der alte Ofen wieder angeheizt werden.

In dieser Zeit kroch Rose auf dem Fußboden umher oder zog sich auf ihm entlang und darum musste der Boden warm gehalten werden.

Laura war der Meinung, dass sie sich diesen neuen schönen Ofen trotzdem nicht leisten konnten, aber das war Almanzos Sache. Sie brauchte sich des Ofens wegen keine Sorgen zu machen – und Almanzo brauchte Wärme. Seine Kleidung konnte nie warm genug sein. Darum strickte Laura ihm ein Unterhemd mit langen Ärmeln aus feinster weißer Shetlandwolle, das sollte eine Weihnachtsüberraschung sein.

Es war nicht einfach, diese Arbeit vor Almanzo verborgen zu halten, aber sie schaffte es und nach dem Fest konnte sie ohne Heimlichtuerei ein zweites Unterhemd für ihn fertig stellen.

Almanzo trug sein neues Hemd, als sie im Schlitten zum Weihnachtsessen zu ihren Eltern fuhren.

Als sie sich auf die Heimfahrt machten, war es schon dunkel und es begann zu schneien. Aber daraus wurde glücklicherweise kein Schneesturm und kein Blizzard, obwohl ein starker Wind aufkam. Rose lag warm und geborgen in Lauras Armen, beide waren in Mäntel und Decken gehüllt. Almanzo saß in seinem Pelzmantel neben ihnen.

Sie kamen in der Dunkelheit nur schwer gegen den Sturm voran. Nach einiger Zeit hielt Almanzo die Pferde an. »Ich glaube, wir sind von der Straße abgekommen, die Pferde gehen nicht gerne direkt in den Wind«, sagte er. Er schälte sich aus seinem Mantel, stieg vom Schlitten und suchte nach Fahrspuren auf der Straße. Aber der Schnee hatte alle Anzeichen verdeckt. Als Almanzo dazu überging, den Schnee mit seinen Füßen wegzukratzen, fand er seitlich die Radspuren der Straße wieder.

Er legte den Rest des Weges zu Fuß zurück und richtete sich beim Führen der Pferde nach den schwachen Spuren,

die er dann und wann unter dem Fallen des Schnees auf der leeren Prärie erkennen konnte.
Almanzo und Laura waren dankbar, als sie ihr Haus mit der Wärme ihres neuen Ofens erreichten, und Almanzo sagte, dass sein neues Unterhemd die Probe bestanden habe. Es kamen die wirklich kalten Tage, aber sie blieben von Blizzards verschont und der Winter war erträglich. Lauras Vetter Peter war aus dem Süden des Staates in ihr Gebiet gekommen, er arbeitete bei den Whiteheads, Nachbarn, die einige Meilen von ihnen entfernt nach Norden zu lebten. Peter besuchte sie oft an seinen freien Sonntagen.
Als Geburtstagsüberraschung für Almanzo lud Laura die Whiteheads und Peter zu einem Geburtstagsdinner ein. Tage vorher kochte und buk sie in ihrer Sommerküche. Es wurde ein festlicher Tag; draußen war es warm und ihr Dinner wurde ein großer Erfolg.
Aber trotz der Wärme hatte sich Laura eine schwere Erkältung geholt und sie musste mit Fieber im Bett bleiben. Ihre Mutter kam, um nach ihr zu sehen, und nahm Rose für ein paar Tage mit. Die Erkältung ging jedoch nicht zurück und Lauras Kehle wurde rau. Als der Doktor kam, sagte er, es wäre überhaupt keine Erkältung, sondern ein ernster Fall von Diphtherie.
Welch ein Glück, dass ihre Mutter Rose zu sich genommen hatte, jetzt war sie nicht in Ansteckungsgefahr. Aber es waren doch sorgenvolle Tage, in denen Almanzo Laura pflegte, bis der Doktor berichtete, dass Rose der Gefahr einer Ansteckung entgangen sei.
Dann packte die Diphtherie auch Almanzo, und bei seinem Morgenbesuch schickte der Doktor ihn ins Bett mit

dem strikten Befehl, liegen zu bleiben. Der Doktor sagte, er würde ihnen aus der Stadt eine Hilfe schicken. Bald darauf kam Almanzos Bruder Royal, um für Laura und Almanzo zu sorgen. Er war Junggeselle, lebte für sich allein und glaubte, dass er der Nächste dazu sei, ihnen zu helfen. So verbrachten Almanzo und Laura ihre traurigen Fiebertage unter einfachster Pflege im gleichen Raum. Lauras Krankheit war gefährlich gewesen, Almanzos Fieber dagegen leichter.

Endlich konnten beide das Bett verlassen und sich wieder bewegen, aber der Arzt hatte sie bei seinem letzten Besuch davor gewarnt, gleich zu viel zu tun. Royal war zum Schluss müde und selbst halb krank, und er war froh, als er nach Hause gehen konnte. Laura und Almanzo mussten sich warm angezogen einen Tag lang in der Sommerküche aufhalten, weil ihr Krankenzimmer ausgeräuchert wurde.

Ein paar Tage später wurde Rose zu ihnen zurückgebracht. Rose hatte inzwischen zu gehen gelernt und schien gewachsen. Es war eine Freude, ihr zuzusehen, wenn sie im Zimmer kleine zögernde Schritte machte, das Schönste aber war, wieder gesund zu sein.

Laura hoffte, dass sie nun Ruhe haben würden. Aber das Schlimmste stand ihnen noch bevor. Es machte ihnen viele Tage lang zu schaffen.

Almanzo hatte die Warnungen des Arztes nicht beachtet und zu schwer gearbeitet. Er fiel eines Morgens um, als er aus dem Bett aufstand, und konnte nicht auf den Beinen stehen. Sie waren bis zu den Hüften steif und nur mit Lauras Hilfe, die ihn lange massierte, konnte er sich endlich wieder bewegen.

Laura half ihm bei seiner Arbeit und später beim Anspannen und beim Besteigen des Wagens. Almanzo fuhr zur Sprechstunde des Doktors in die Stadt.
»Ein leichter Schlaganfall«, befand der Arzt, »durch Überanstrengung nach einer Diphtherie.« Von jenem Tag an mussten sie einen harten Kampf darum führen, dass Almanzos Beine beweglich blieben. An manchen Tagen konnten sie auf Besserung hoffen, dann verschlechterte sich der Zustand wieder. Allmählich aber wurde Almanzo doch Herr seiner Gliedmaßen, und endlich konnte er arbeiten wie früher, wenn er sich in Acht nahm.
Inzwischen war es Frühling geworden. Die Krankheiten und die Arztrechnungen hatten viel Geld verschlungen. Das Geld, das ihnen die Zeit bis zur Ernte überstehen helfen sollte, war dahin. Der Pächter des Baumlandes hatte gekündigt, und Almanzo war in seiner eingeschränkten Verfassung nicht im Stande, beide Grundstücke zu bearbeiten. Auch war ihnen das Baumland nicht übereignet worden, und die jungen Bäume mussten gepflegt werden, um dieses Ziel zu erreichen.
Sie mussten zu einer Lösung kommen – und in dieser Notlage fand sich ein Käufer für die Siedlerstelle. Er war bereit, die Hypothek von 800 Dollar zu übernehmen und Almanzo zusätzlich 200 Dollar zu zahlen. Also wurde die Siedlerstelle verkauft und Almanzo und Laura zogen an einem frühen Frühlingstag zurück auf den Baumacker.
Ihr kleines Haus hatte gelitten, aber frische Farben hier und da, neue Vorhänge und ein großes Saubermachen stellten die alte gute Ordnung wieder her. Laura hatte das Ge-

fühl, endlich wieder zu Hause zu sein, und für Almanzo war es leichter, auf ebenem Grund zum Stall zu gehen, als den Hügel auf der Siedlerstelle hinauf- und hinabzusteigen.

Allmählich überwand er die Nachwirkungen seines Schlaganfalls, aber er fiel noch hin, wenn er mit den Zehen an ein Hindernis stieß. Lag ein Baumstamm im Wege, dann konnte er nicht darüber steigen, sondern musste um ihn herumgehen. Seine Finger waren steif geworden, sodass er die Pferde weder an- noch ausspannen konnte; aber wenn sie eingespannt waren, konnte er den Wagen lenken. Darum übernahm Laura das Anschirren und half ihm auf den Weg, sie stand auch zum Ausspannen bereit, wenn Almanzo von der Arbeit oder einer Ausfahrt zurückkam.

Der Pächter hatte das Baumland in gepflügtem Zustand übernommen und musste es gepflügt an Almanzo zurückgeben. So war es nur noch notwendig, den Getreideacker zu eggen und die Saat auszusäen. Almanzo konnte zwar nur langsam arbeiten, aber er wurde rechtzeitig fertig.

Als die Saat Regen brauchte, regnete es ausdauernd, und Weizen und Hafer gediehen prächtig. Wenn es nur so oft wie nötig regnen würde – und wenn sie vor allem von Hagel verschont blieben!

Im Stall standen nun drei Kälbchen und zwei junge Fohlen tollten im Hof umher, zusammen mit dem Fohlen, das sie seinerzeit mit Lauras Lehrergehalt gekauft hatten. Es war jetzt drei Jahre alt und gut herangewachsen. Ihre Hennen legten fleißig und Almanzo und Laura konnten nicht klagen. Sie hatten sich wieder gefangen. Rose stolperte im Haus herum, spielte mit der Katze und hielt sich an den

Rockschößen ihrer Mutter fest, wenn Laura ihrer Arbeit nachging.
Sie hatte einen geschäftigen Sommer, denn sie musste das Haus in Ordnung halten, auf Rose aufpassen und Almanzo helfen, wenn er auf ihre Hilfe angewiesen war. Doch das wurde ihr nie zu viel, denn Almanzo gewann allmählich den vollen Gebrauch seiner Hände und Füße zurück und überwand die Folgen des Schlaganfalls.
Er brachte viele Stunden mit der Arbeit an den jungen Bäumen zu. Der vergangene Sommer war für die Bäume zu trocken gewesen, ihr Wachstum hatte sich verzögert und nun wollten sie auch in diesem Frühling nicht so recht vorankommen. Einige Bäume waren sogar verdorrt. Almanzo musste sie ausgraben und an ihrer Stelle sorgfältig neue Bäume setzen. Er beschnitt den ganzen Baumbestand, grub die Baumscheiben neu und dann pflügte er das Erdreich zwischen den Baumreihen um.
Weizen und Hafer wuchsen fest und sattgrün hoch auf. »In diesem Jahr wird alles gut werden«, sagte Almanzo, »eine gute Ernte wird uns auf die Beine helfen. Wir haben noch nie so gute Aussichten gehabt.«
Die Pferde hatten nicht viel zu tun. Skip und Barnum taten, was notwendig war, und die Ponys Trixy und Fly wurden in ihren Boxen fett. Almanzo sagte, sie müssten geritten werden, aber Laura konnte Rose tagsüber nicht allein lassen.
Wenn Rose nach dem Abendessen zu Bett gebracht worden und die Hausarbeit getan war, herrschte Ruhe. Rose hatte sich müde gespielt und schlief gesund lange Stunden hindurch. Dann konnten Laura und Almanzo die Ponys sat-

teln und auf der Straße auf und ab reiten, eine halbe Meile nach Süden und zurück und dann im Halbkreis auf dem Platz vor dem Haus herum. Nach einer Pause, die sie einlegten, um nach Rose zu schauen, ging es ein oder zwei halbe Meilen nach Norden und zurück, ein neues Schauen nach Rose und so fort, bis Pferde und Reiter genug Auslauf gehabt hatten und anhalten mussten. Fly und Trixy genossen diese Rennen im Licht des Mondes, sie genossen sogar ihr Scheuen vor einem Heubündel auf der Straße oder vor einem Kaninchen, das vor ihnen hinweghüpfte.

Eines Sonntags kam Peter, um Almanzo und Laura zu berichten, dass Mr Whitehead seine Schafe verkaufen wolle, eine Herde von 100 reinblütigen Shropshire-Schafen.

Im Herbst stand eine Präsidentenwahl an, und es sah so aus, als würden die Demokraten gewinnen. Mr Whitehead war aber ein überzeugter Republikaner und glaubte, dass die Demokraten im Fall ihres Sieges das Land ruinieren würden. Die Zölle würden fallen und Wolle und Schafe würden wertlos sein. Peter war sicher, dass hier ein guter Handel zu machen sei. Er würde die Herde selber kaufen, wenn er nur den Platz für sie hätte.

»Wie würde der Handel aussehen? Was hätte man zu zahlen?«, fragte Almanzo.

Peter nahm an, dass das Schaf für 2 Dollar zu haben sei, denn Mr Whitehead war sehr unsicher über den Ausgang der Wahlen. »Wenn man im nächsten Frühling die Wolle verkauft, hat man sein Geld schon fast wieder herein«, fügte Peter hinzu. Die Hälfte des Betrages, der für diesen Kauf benötigt wurde, hatte Peter ungefähr in seinem Lohnrückstand bei den Whiteheads gut. Die Kaufsumme war also schon halb vorhanden. Laura dachte laut mit. Sie hatten Land genug für die Schafe, denn sie konnten die Schulparzelle mit bearbeiten, die im Süden an ihr Land angrenzte. Es war ein großes Stück Land mit guter Weide und Heuertrag, das dem offen stand, der es zuerst in Angriff nahm. Zum ersten Mal war Laura froh über das Gesetz von Dakota, das in jeder Stadt zwei Parzellen den Schulen zuwies, und besonders zufrieden war sie mit dem Umstand, dass die eine dieser Parzellen an ihr Grundstück angrenzte.

»Weide und Heu würden wir zur Genüge haben und könnten auch eine gute Stallung errichten«, sagte Almanzo.

»Aber was ist mit den anderen 100 Dollar?«, fragte Laura zweifelnd.

Almanzo erinnerte sich an das Fohlen, das mit Lauras Schulgeld gekauft worden war, und sagte, er glaube, dass das Fohlen jetzt für 100 Dollar zu verkaufen wäre. Laura könne dann die Hälfte der Schafherde für sich erwerben, wenn sie das Risiko auf sich nehmen wolle.

So war die Sache also entschieden. Wenn Peter die Schafe für 200 Dollar erhalten könnte, würde Laura die Hälfte beisteuern. Peter sollte dann für die Herde sorgen und sie im Sommer auf dem Schulland weiden. Das Heu wollten Peter und Almanzo gemeinsam ernten, wobei Almanzo die Pferde und Geräte stellen würde. An der Rückseite des Stalls würden sie einen neuen Stall für die Schafe anbauen, der sich auf einen umzäunten Weideplatz öffnen sollte. Peter würde bei ihnen wohnen und leben und das mit seiner Arbeitshilfe begleichen.

Ein paar Tage später war das Fohlen verkauft und Peter

trieb die Schafe auf den Weideplatz, der für sie geschaffen worden war. Es waren 100 gute Mutterschafe und 6 alte Schafe als Zugabe.

Nun trieb Peter an jedem Morgen die Herde zum Grasen auf das Schulland und hielt sie von den Plätzen fern, auf denen das Heu gemacht werden sollte.

Dann und wann regnete es. Es hatte sogar den Anschein, als wehten die Winde nicht so stark wie sonst, und Weizen und Hafer entwickelten sich gut. Die Tage und Wochen eilten dem Herbst entgegen. Nur noch kurze Zeit und sie mussten eine gute Ernte haben. In steter Furcht vor dem Hagel schauten Laura und Almanzo nach Wolken aus. Wenn es nur nicht hageln würde!

Aber die Tage gingen vorbei und der Hagelschauer blieb aus. Laura musste wieder an den Spruch denken, dass sich am Ende alles ausgleichen würde und dass die Reichen im Sommer Eis hätten, aber die Armen das ihre im Winter.

Als Laura sich bei diesem Gedanken ertappte, musste sie lachen, aber ihre Kehle zog sich nervös zusammen. Sie durfte ihre Nerven nicht unnötig strapazieren. Doch es bedeutete so viel für sie, dass sie diese Ernte einbringen und verkaufen konnten. Wenn sie schuldenfrei waren und das Geld, das sie bisher für Zinsen aufbringen mussten, für ihre eigenen Bedürfnisse verwenden durften, würden sie den kommenden Winter viel leichter und besser überstehen.

Der Weizen war in der Reife, und wieder lautete Almanzos Schätzung, dass sie vom Morgen 40 Scheffel ernten würden. Eines Morgens blies dann ein starker warmer Wind

aus Süden. Zu Mittag war der Wind heiß und blies noch stärker. Er wehte drei Tage lang.
Als er endlich nachließ und der Morgen des vierten Tages still heraufkam, war ihr Weizen gelb und vertrocknet. Die Weizenkörner hatten keine Milch mehr, sie waren gedörrt und geschrumpft. Es war sinnlos, diesen Weizen ernten zu wollen, aber Almanzo spannte Skip und Barnum vor die Mähmaschine und mähte die Weizen- und Haferfelder, damit die Halme mit den verschrumpelten Körnern aufgestapelt und als Ersatz für Heu und Getreide verfüttert werden konnten.
Sobald diese Arbeit verrichtet war, begann das Heuen, denn sie mussten das Gras auf der Schulparzelle schneiden, ehe ihnen jemand zuvorkam. Es gehörte ihnen, wenn sie die Ersten waren. Wieder wanderten Laura und Rose ins Heu. Laura lenkte die Mähmaschine, während Almanzo das Heu zusammenrechte, das am Nachmittag vorher geschnitten worden war. Ein Nachbarjunge war angestellt worden, um die Schafe zu hüten, solange Peter beim Aufsetzen der Heuschober half. Sie bauten große Heuhaufen rund um den Schafstall und auf drei Seiten der umzäunten Schafweide, sodass der Weideplatz nur nach Süden zu offen war.
Über diesen Arbeiten kam der 25. August und damit war das dritte Jahr ihres Farmens beendet.

Das Jahr der Prüfungen

Sobald sie mit dem Heuen fertig waren, begann Almanzo mit dem Herbstpflügen. Die Arbeit wurde für Skip und Barnum zu schwer, selbst wenn die Ponys mitzogen. Trixy und Fly waren kleine Tiere und Reitpferde, so konnten sie nicht mit Kraft ziehen. Fly wehrte sich oft heftig und wild um sich tretend gegen das Anspannen.

Laura war Almanzo einmal behilflich, die Pferde vor den Pflug zu spannen, und musste zu gleicher Zeit auf Rose aufpassen. Dabei hatte sie Rose aus den Augen verloren. Sofort gab sie ihre Beschäftigung mit dem Zuggeschirr auf und fragte, während sie auf dem Hof herumsah: »Wo ist Rose, Almanzo?«

Ein Händchen hob auf der Rückseite der vier Pferde Flys Schwanz hoch. Ein kleines Gesicht zeigte sich zwischen Fly und Flys Schwanz und Roses dünnes Stimmchen sagte:

»Da ist Rose.«

Jetzt waren Almanzos Hände längst nicht mehr steif und unbeholfen. Bald würde er seinen Pferden das Zuggeschirr allein anlegen können.

Abends waren die Pferde müde. Laura konnte sie kaum ansehen, wenn ausgespannt wurde. Skip ließ den Kopf hän-

gen und Barnums sonst ständig stampfende Füße standen geduldig still.
Almanzo meinte, er brauche ein zusätzliches Gespann, denn er wollte weitere 60 Morgen Grasboden umbrechen, um im Ganzen 160 Morgen für die Frühlingssaat bereit zu haben.
»Aber die vereinbarten drei Jahre sind herum. Würdest du unsere Farmarbeit erfolgreich nennen?«, wandte Laura ein.
»Ich weiß nicht recht«, antwortete Almanzo, »im Grunde steht es doch nicht so schlecht. Ich weiß, mit den Ernten hatten wir kein Glück, aber wir haben jetzt vier Kühe und einige Kälbchen im Stall. Wir haben auch vier Pferde und die Fohlen. Und wir haben unsere Ackergeräte und natürlich auch die Schafe ... Wenn wir nur eine einzige Ernte einbringen könnten! Eine gute Ernte und alles wäre in Ordnung. Lass es uns noch ein Jahr versuchen. Die nächste Ernte kann doch gut ausfallen, und wir sind nun einmal auf die Farmarbeit festgelegt, da wir nicht das Geld haben, um etwas anderes anzufangen.«
Das klang vernünftig. Sie schienen keine andere Wahl zu haben, da sie nach jeder Seite gebunden waren. Der Gedanke an die 500 Dollar, die auf ihrem Haus standen, war für Laura besonders bedrückend. Hierauf hatten sie noch keinen Dollar zurückzahlen können. Auch der Binder war noch nicht bezahlt, selbst die Zinsen aufzubringen war schwer. Aber Almanzo konnte trotzdem Recht behalten. Einmal mussten sie Glück haben und eine gute Ernte würde die meisten Lasten ausgleichen.
Also kaufte Almanzo zwei Durham-Ochsen, die für die

Farmarbeit abgerichtet worden waren. Es waren große Tiere. King hatte ein rotes Fell und wog 1800 Pfund. Duke war rot und weiß gefleckt und war 2200 Pfund schwer. Sie waren so sanft wie Kühe, und Laura fürchtete sich bald nicht mehr davor, die Ochsen mit anzuspannen – aber sie schloss Rose im Haus ein, solange sie damit beschäftigt war. Ihre Ochsen waren billig gewesen: Jeder hatte nur 25 Dollar gekostet – und sie waren stark. Jetzt nahmen Skip und Barnum die Stelle der Ponys ein und hatten die leichtere Arbeit, während die Ochsen hinter ihnen den größten Teil der Last bewältigen mussten.

Auf diese Weise war das Pflügen schnell erledigt, und der Grasboden konnte umbrochen werden, ehe er gefror. Dabei durfte Almanzo sich Zeit lassen, denn es war ein angenehmer, warmer Herbst. Der Winter war ungewöhnlich frei von Blizzards, obwohl die Temperaturen sehr niedrig waren und reichlich Schnee fiel. Im Haus fühlten sie sich geborgen und behaglich. Fenster und Türen hatten Sturmsicherungen erhalten, im Vorderzimmer stand zwischen der Haustür und dem Ostfenster der Koksofen. Die Sommerküche, ihren Vorratsraum, hatte Almanzo in sorgfältiger Arbeit winterfest gemacht; alle Spalten zwischen den Stämmen waren abgedichtet worden und hier stand der Küchenofen. Der Tisch befand sich jetzt zwischen der Geschirrkammer und ihrem Schlafraum im Vorderzimmer, und Peters Bett war vor der Westwand aufgestellt, wo früher der Tisch gestanden hatte. Auf den Fensterbänken blühten Geranien im hellen Wintersonnenschein und in der Wärme des Koksofens gediehen die Blumenstöcke prächtig.

Die Tage waren mit Arbeit ausgefüllt. Laura wurde von ihren häuslichen Pflichten und von Rose voll in Anspruch genommen. Rose war ein ernstes, verständiges Kind, sie beschäftigte sich mit ihren Bilderbüchern und ihren Puppen und Blockbuchstaben, dazu hatte sie die Katze als Gefährtin ihrer kindlichen Spiele und Sorgen. Almanzo und Peter brachten viele Stunden im Stall zu und kümmerten sich um den ganzen Tierbestand. Der Stall war ausgebaut worden, er hatte Boxen für die Pferde und Fohlen, Raum für die Ochsen King und Duke, für die Kühe und Kälber, eine warme Ecke für das Hühnervolk und ging dann in den Schafstall über, wo die Schafe sich frei bewegen konnten.

Es war schon eine Arbeit, den Stall sauber zu halten und alle Krippen mit Heu zu füllen. Die Pferde mussten ihr Futter erhalten und regelmäßig gebürstet werden und alle Tiere waren täglich zu tränken. An den ruhigen Tagen holten Almanzo und Peter Heu von den Schobern auf den Feldern heran und fütterten damit die Tiere. Etwas Heu blieb auf dem Wagen, der in den Weideplatz der Schafe gestellt wurde, dort konnten die Schafe sich ihr Futter selbst nehmen.

Für gewöhnlich wurden Almanzo und Peter zur rechten Zeit mit ihrer Arbeit fertig, aber eines Nachmittags hatten sie sich verspätet. Da die Schneewehen hoch lagen, holten sie das Heu mit King und Duke heran. Die Ochsen konnten die Schneewehen leichter überwinden als die Pferde, aber sie zogen natürlich langsamer, und die Dunkelheit fiel ein, als Almanzo und Peter noch eine Meile vom Haus entfernt waren.

Gerade begann es zu schneien. Es war kein Blizzard, aber der Schnee fiel dicht in einem starken, bedrängenden Wind. Peter und Almanzo waren nicht gefährdet, aber es war unangenehm und ermüdend, die Ochsen in der Dunkelheit und im Sturm durch den hohen Schnee zu treiben. Plötzlich hörten sie einen Wolf heulen, einen zweiten und dann ein ganzes Wolfsrudel. In ihrem Gebiet gab es nicht mehr viele Wölfe, in letzter Zeit hatten sie sich nicht mehr bemerkbar gemacht. Aber in der Nähe waren sie von Zeit zu Zeit zu sehen und schlugen dann und wann ein verirrtes Kalb oder versuchten, in eine Schafherde einzufallen.

»Das Heulen scheint vom Haus her zu kommen, als ob die Wölfe sich in unserer Richtung bewegten«, sagte Almanzo.

»Glaubst du, dass sie in den Weideplatz einbrechen werden?«

»Das glaube ich nicht, Laura ist doch da«, meinte Peter zuversichtlich.

Aber Almanzo war dessen nicht so sicher und sie versuchten schneller voranzukommen. Im Haus wurde Laura ängstlich. Das Abendessen war fast fertig, aber sie wusste, dass Almanzo und Peter erst alles für die Nacht tun würden, ehe sie zum Essen kamen. Eigentlich mussten beide schon im Stall sein, und sie überlegte, was sie aufhalten könne.

Rose war gefüttert worden und schlief fest, aber Nero, der große schwarze Bernhardiner, war unruhig. Dann und wann hob er den Kopf und knurrte. Später erkannte Laura die Ursache – sie hörte einen Wolf heulen! Wieder heulte er und dann heulten mehrere Wölfe zugleich. Danach war Ruhe. Lauras Herz stand still. Kamen die Wölfe zum

Weideplatz? Sie wartete und lauschte, aber sie konnte nur das Schneetreiben vor den Fenstern hören – oder hatte da ein Schaf geblökt? Sollte sie zur Schafweide gehen und nachsehen, ob dort alles in Ordnung war? Sie zögerte und blickte zu Rose hin, aber Rose schlief ungestört. Sie konnte Rose ruhig allein lassen. So zog Laura ihren Mantel an und setzte die Kapuze auf, zündete die Laterne an und trat mit ihrem Hund hinaus in die Dunkelheit und in den Sturm.

Schnell war sie an der Stalltür, öffnete sie und griff als Erstes nach der fünfzinkigen Mistgabel. Dann schloss sie die Stalltür hinter sich und überquerte die Länge des Stalles, wobei sie mit ihrer Laterne in jede Box und in jede Ecke leuchtete.

Nero trabte vor ihr her und schnüffelte. Sie traten auf den Weideplatz hinaus und umschritten ihn. Aber alles war ruhig, nur die Schafe waren aufgestört und bewegten sich. Von den Wölfen war nichts zu hören und zu sehen. Als Laura jedoch am Tor des Weideplatzes stand und ein letztes Mal lauschte, ehe sie zum Haus zurückging, vernahm sie wieder den einsamen Schrei eines Wolfs.

Aber er kam weiter von Norden her. Die Wölfe waren an ihrem Haus vorbeigelaufen, und die Gefahr war vorüber, obwohl Nero noch immer knurrte. Dass sie Angst gehabt hatte, wurde Laura erst bewusst, als sie sicher wieder im Haus war, denn jetzt bemerkte sie, dass ihre Knie zitterten, und sie musste sich schnell hinsetzen.

Rose schlief friedlich, und es dauerte auch nicht lange, bis Almanzo und Peter eintrafen.

»Was hättest du gemacht, wenn die Wölfe vor dir gestanden

hätten?«, fragte Almanzo. »Ganz einfach, ich hätte sie weggejagt. Dazu habe ich ja die Mistgabel mitgenommen«, antwortete Laura.

Im Dezember verspürte Laura das vertraute Unwohlsein. Das Haus war ihr zu eng und heiß und sie fühlte sich elend. Aber ihre Leute mussten es warm haben und ihr Essen bekommen. Die Hausarbeit musste getan werden und sie lag allein auf ihren Schultern.

Als sie eines Tages besonders schwermütig und unglücklich gestimmt war, hielt ihr Nachbar im Westen, ein allein lebender Junggeselle, bei ihnen an und trug einen halb gefüllten Sack zum Haus. Als Laura die Tür öffnete, trat Mr Sheldon ein und leerte den Inhalt des Sacks auf den Fußboden. Es war ein Stoß ungebundener Waverley-Romane von Walter Scott.

»Ich dachte, das würde Ihnen Freude machen«, sagte Mr Sheldon. »Lassen Sie sich mit dem Lesen ruhig Zeit, es eilt durchaus nicht.« Als Laura einen Freudenschrei ausstieß, schloss Mr Sheldon die Tür schnell hinter sich und war verschwunden.

Jetzt öffneten sich die vier Wände des engen überheizten Hauses weit, und Laura wanderte mit tapferen Rittern und zarten Edelfrauen an den Seen und Strömen Schottlands oder besuchte sie in Schlössern, Hallen und Türmen, immer gefangen von den mitreißenden Worten und Schilderungen des großen Schriftstellers.

In ihrem Drang, den Anblick und den Geruch der Nahrungsmittel beim Kochen schnell hinter sich zu bringen und zu den erregenden Geschehnissen in den Romanen zurückzukehren, vergaß Laura völlig, sich krank zu fühlen.

Als sie alle Romane verschlungen hatte und in die Wirklichkeit zurückkehrte, ging es ihr viel besser.
Es war ein langer Weg von den Szenen in diesen großartigen Erzählungen bis zu dem kleinen Haus auf der kahlen winterlichen Prärie, aber Laura nahm etwas von ihrem Zauber und ihrer Bewegtheit mit, und der Rest des Winters verging schnell und erträglich.
Der Frühling kam früh mit neuer Wärme. Am ersten April war ein großer Teil der Aussaat schon geschafft, überall wurde fleißig auf den Feldern gearbeitet. Der Morgen des zweiten April zeigte sich sonnig und friedlich. Peter hütete die Schafe auf dem Schulland und Almanzo bestellte einen Acker. Immer war es noch etwas schwierig für ihn, die Pferde anzuspannen, und Laura hatte ihm dabei geholfen. Nun war sie mit ihrer Morgenarbeit beschäftigt. Später begann ein Wind aus Nordwesten zu wehen; er blies zuerst sanft, nahm aber schnell an Stärke zu und wehte gegen neun Uhr den Staub der Acker so heftig hoch, dass Almanzo seine Furchen nicht mehr erkennen konnte. Er kam vom Feld zurück, und Laura half ihm, wieder auszuspannen und die Pferde in den Stall zu führen.
Wieder einmal konnten sie nichts anderes tun als im Haus auf den sich steigernden Wind zu lauschen. Sie wunderten sich, dass Peter seine Schafe nicht zurückbrachte. »In dieser kurzen Zeit konnte er nicht weit kommen, er muss bald da sein«, sagte Almanzo.
Der Staub von den Äckern stieg in Wolken auf, die so dicht waren, dass sie keine Aussicht aus den Fenstern zuließen, und nach ein paar Minuten ging Almanzo hinaus, um

Peter und die Schafe zu suchen und ihm zu helfen, wenn das nötig war.
Etwa vierhundert Meter vor der Farm stieß er auf die Schafe und ihren Hirten. Peter kam ihm zu Fuß entgegen, er führte sein Pony am Zügel und trug drei Lämmer in den Armen. Zusammen mit dem Hund trieb er die Schafe zu ihrer Hürde. Aber die Schafe konnten kaum gegen den Wind angehen, trotzdem mussten sie sich gegen ihn behaupten, um in ihren Stall zu gelangen. Sie waren noch nicht geschoren worden, ihre Felle waren lang und schwer. Mit ihren schmalen Körpern auf den kleinen Füßen mussten sie eine schwere Last flauschiger Wolle tragen und fingen dabei zu viel Wind ein. Wenn ein Schaf sich nur ein wenig zur Seite wandte, griff der Wind in sein Fell, hob das Schaf von den Füßen und rollte es umher. Manchmal kugelte es fünf- oder sechsmal um sich selbst, ehe es bremsen konnte. Gegen diese Windstärke konnte das Schaf nicht wieder auf die Füße gelangen. Dann eilte Peter hinzu, um es aufzuheben und auf die Beine zu stellen und seinen Kopf in die richtige Richtung zu drehen, sodass es gegen den Wind ankämpfen konnte. Peter war müde geworden; der Schäferhund und das Pony konnten ihm nicht helfen, also war es Zeit, dass Almanzo ihm beistand.
Sie brauchten mehr als eine Stunde, um alle Schafe über die 400 Meter in die Hürde zu schaffen.
Danach saßen sie im Haus und ließen den Sturm wehen. Er füllte ihre Ohren mit seinem Brausen. Die Augen und die Kehlen schmerzten ihnen von dem Staub, der ins Zimmer eindrang, obwohl Türen und Fenster fest geschlossen waren.

Kurz vor der Mittagszeit wurde an die Türe geklopft. Almanzo öffnete und ein Mann stand auf der Schwelle.
»Ich wollte Ihnen nur sagen, dass Ihre Räder sich drehen«, sagte der Mann. Mit einem Wink zum Stall hin lief er zu seinem Wagen, stieg auf und fuhr davon. Sein Gesicht war von Staub geschwärzt, und er war verschwunden, ehe ihnen klar wurde, dass es der Käufer ihrer Siedlerstelle gewesen war.
Laura lachte schrill. »Ihre Räder drehen sich, hat er gesagt. Was meinte er damit?« Almanzo und Laura gingen in die Küche und sahen durch das Fenster zum Stall. Dann wussten sie, was der Mann meinte. Zwischen dem Haus und dem Stall war der Heuwagen mit seinem großen Heurechen abgestellt worden. Der Wind hatte ihn hochgehoben und umgeworfen. Er lag umgedreht auf dem Heugestell, die Räder standen frei in der Luft und jedes seiner vier Räder drehte sich schnell im Wind. Zu Mittag hatten sie nur ein paar kalte Bissen, denn niemand hatte rechten Hunger, und sie konnten nicht wagen, ein Feuer anzuzünden.
Gegen ein Uhr behauptete Laura, dass sie Qualm rieche und dass in der Nähe ein Präriefeuer brennen müsse, aber durch die Staubwolken konnten sie keinen Rauch erkennen.
Der Sturm entfacht oft ein Feuer, und auf der Prärie ist er stark genug, die Flammen über brennende Stellen hinweg ins trockene Gras vor sich zu tragen, sodass das Feuer sich schneller ausbreitet, als das Gras brennt. Bei einem anderen Sturm waren Almanzo und Peter zum Feuer gerast, um einen großen Heuschober zu retten, der zwischen ihnen

und den Flammen stand. Sie sprangen von ihren Pferden, als am entgegengesetzten Ende des Schobers eine Flamme aufzüngelte. Jeder trug einen nassen Kornsack zur Bekämpfung des Feuers. Sie kletterten schnell auf den Schober und glitten an seinem Ende wieder hinab, wobei sie die vom Feuer ergriffenen Büschel abrissen und sie auf dem Erdboden austraten. So ließen sie das Feuer jede Seite des Schobers angreifen, um es dann zu löschen. Die Hauptmasse der Flammen raste am Schober vorbei und erfasste ihn nicht. Auch Almanzo und Peter und ihre Pferde blieben verschont. Die Pferde hatten mit ihren Köpfen zum Schober gestanden und so Luft holen können.

Gegen zwei Uhr hatte der Sturm seine größte Kraft erreicht, dann ließ er allmählich nach, zuerst kaum merklich, aber als die Sonne unterging, erstarb er, und Ruhe stellte sich ein.

Rose hatte mit einem angestrengten, verstaubten und verschwitzten Gesichtchen durchgeschlafen. Laura fühlte sich von Ermüdung niedergeschlagen, und Almanzo und Peter wankten wie alte Männer, als sie zum Stall gingen, um nach den Tieren zu sehen und sie für die Nacht zu versorgen.

Später erfuhren sie, dass der Sturm, der mit einer Geschwindigkeit von 40 km in der Stunde dahergebraust war, ein Präriefeuer erzeugt hatte, das große Flächen übersprang, wenn der wild rasende Sturm Flammen losriss und sie jagend vor sich hintrieb, wobei er kleinere Feuer im Gras ausblies, wie man die Kerzen am Weihnachtsbaum ausbläst.

Häuser und Ställe, die in guten Feuerschneisen gestanden

hatten, waren trotzdem verbrannt. Viele Tiere waren im Feuer umgekommen. Auf einer Farm hatte ein neuer Wagen in einem gepflügten Feld gestanden, 100 Meter vom Grasland der Prärie entfernt. Der Wagen war mit Weizensaat beladen gewesen und vom Besitzer so verlassen worden, als er des Sturmes wegen vom Acker nach Hause gegangen war. Als er zurückkam, sah er von seinem Wagen und der Ladung nichts als die eisernen Wagenreifen. Alles andere war zu Asche verbrannt. Das Feuer raste über das Land und ließ eine schwarze Prärie hinter sich, bis es den Fluss erreichte und der Sturm mit der Sonne unterging. Es endete erst 120 km von seinem Ursprungsort entfernt.
Nun gab es keine andere Lösung, als die Acker von neuem zu besäen, denn der Sturm hatte die Saat weggeweht oder sie in den Bodenwehen vergraben, die sich an den Rändern der gepflügten Felder aufgehäuft hatten.
Almanzo musste also neue Weizen- und Hafersaat am Silo in der Stadt kaufen und damit die Aussaat beenden. Dann war es Zeit, die Schafe zu scheren. Der Verkauf der Wolle machte allen neuen Mut, denn sie erzielten 25 Cents für das Pfund, wobei ein Schaf durchschnittlich 10 Pfund Wolle erbrachte. Somit hatte jedes Schaf sich selbst bezahlt und mit seiner Wolle noch einen Überschuss von 50 Cents verdient.
Am Ende des Monats Mai waren alle Lämmer zur Welt gekommen, darunter waren so viele Zwillingspaare, dass die Herde sich mehr als verdoppelte. Die Lammgeburten hielten sie Tag und Nacht in Atem, denn die Mutterschafe mussten beobachtet und ihre Lämmer versorgt werden. Unter den 100 Schafen fanden sich nur fünf Mütter, die

nicht willens oder im Stande waren, sich um ihre Lämmer zu kümmern. Ihre fünf Lämmer wurden ins Haus gebracht, warm gehalten und mit der Flasche genährt, wurden also von Menschen aufgezogen.

Rose verbrachte jetzt ihre Zeit auf dem Weideplatz der Schafe, und Laura wachte über sie, wenn ihr rosa Sonnenhütchen überall zwischen den Schafen auftauchte.

Einmal bemerkte Laura gerade noch zur rechten Zeit, dass Rose in dem Kübel, der unter der Pumpe stand, mit dem Wasser kämpfte, das ihr Gesichtchen fast bedeckte. Als sie herausgehoben wurde, sagte Rose ohne jeden Anschein von Erschrecken: »Rose will jetzt ins Bettchen gehen.« Eines Nachmittags war sie gerade gewaschen und gekämmt worden und Laura hatte sie sauber angezogen. Kurze Zeit darauf hörte Laura sie laut lachen und sah, wie sie aus dem Stall herauslief. »O, o«, rief Rose, »eben hat Barnum so gemacht.« Sie ließ sich auf die staubige Erde fallen und mit flatternden Armen und Beinen rollte sie sich hin und her. Das war solch ein lustiger Anblick, dass Laura auch nur lachen konnte und den Schmutz am sauberen Kleid, an Gesicht und Händen und den Staub in Roses Haar nicht beachtete.

Zu anderer Zeit vermisste Laura ihre Rose wieder einmal und lief mit Furcht im Herzen zur Stalltür. Barnum lag ruhig in seiner Box und Rose saß an seiner Seite und stieß ihm mit den Schuhen in den Magen. Langsam, um seine Lage nicht zu verändern, hob das Pferd seinen Kopf und blickte Laura an; sie hätte darauf schwören können, dass Barnum blinzelte.

Danach war Laura darauf bedacht, Rose besser zu bewachen, aber sie brachte es nicht über sich, das Kind in diesen schönen Frühlingstagen im Haus zu halten. So oft sie konnte, schaute sie bei ihrer Arbeit, die sie nicht im Stich lassen konnte, aus Türen und Fenstern nach Rose aus.

Und dann kam sie gerade zurecht, um Rose wieder um Haaresbreite einem Unfall entgehen zu sehen. Rose war weiter als gewöhnlich vom Haus weggelaufen und kam nun um die Ecke des Stalles zum Hof zurück. Im gleichen Augenblick rannte Kelpie, Trixys letztes Fohlen, um dieselbe Ecke, gefolgt von Susan, einem anderen Fohlen, das ihr nachjagte. Kelpie sah Rose zu spät, um in ihrem Lauf einhalten zu können, darum spannte sie ihre Muskeln an und setzte über Roses Kopf hinweg, worauf Susan, die immer beweisen musste, dass sie Kelpie nicht nachstand, das Gleiche tat und geschickt über Roses Kopf hinwegsprang.

Im nächsten Augenblick war Laura bei ihrer Rose, hob sie auf und trug sie ins Haus. Rose hatte sich nicht erschreckt, aber Laura saß der Schreck in den Knochen. Nie würde sie mit ihren Arbeiten fertig werden, wenn ihr Kind so sehr auf ihren Schutz angewiesen war. Es gab so viel zu tun und sie musste es ganz allein bewältigen. Sie hasste die Farm und die Tiere, den starken Geruch der Lämmer, das Kochen der Mahlzeiten und das schmutzige Geschirr. Alles war ihr jetzt zu viel und ganz besonders die Schulden, die sie mit all ihrer Mühe nicht verringern konnte.

Aber sie musste bedenken, dass Rose nicht zu Schaden gekommen war und nicht weinte. Jetzt bat Rose um eine Flasche Milch, damit sie eines ihrer Lieblingslämmer tränken könne. Laura musste es Rose gleichtun und gelassen bleiben. Was hatte in der Geschichte gestanden, die sie gestern

gelesen hatte? »Das Rad dreht sich und die oberste Speiche wird zu ihrer Zeit die unterste sein.«
Um die oberste Speiche des Rades machte sie sich keine Gedanken, aber sie wünschte innig, die unterste Speiche stiege ein wenig höher.
Sie mochte nicht länger darauf warten, dass das Rad sich ein wenig drehte, die Farmer blieben doch immer unten am Rad, mochte Almanzo dagegen sagen, was er wollte. Wenn das Wetter nicht mitspielte, würde es ihnen wieder schlecht gehen; aber schlecht oder nicht, sie mussten eine Möglichkeit finden, Zinsen und Steuern zu bezahlen, dazu die Schulden bei den Händlern in der Stadt, und sie mussten auch ihren Lebensunterhalt bestreiten können. Da war der Schuldschein, den Almanzo der Bank für das Geld ausgestellt hatte, mit dem er das neue Saatgut kaufen musste, um die Schäden des Sturmwindes auszugleichen. Dafür waren allein monatlich 3% Zinsen zu zahlen und ihr Erlös aus der Schafwolle würde dafür draufgehen. Wer konnte schon solche Belastungen aufbringen? Das Rad drehte sich in ihrem Kopf, wenn sie die Rechnung aufmachte, und es wurde auch nicht besser, wenn sie es noch ein zweites Mal rechnete.
Würden sie genug Geld für die Zinsen haben? Ihr Wollgeld betrug nur 125 Dollar und wie hoch war der Schuldschein? Für den Morgen brauchte man einen Scheffel Weizensaat und der Scheffel kostete 1 Dollar. Das machte 100 Dollar. Dazu kamen noch 50,40 Dollar für 120 Scheffel Hafersaatkorn: Also lautete der Schuldschein auf 150,40 Dollar.
Es machte einen großen Unterschied, ob sie Weizen kauften oder verkauften. Almanzo sagte, das müsse so sein, weil

auf dem Saatkorn Frachtkosten und Lagerspesen lägen. Das mochte stimmen, aber trotzdem war der Unterschied zu groß.
Auf jeden Fall mussten sie den Schuldschein der Bank so schnell wie möglich einlösen. Wenn das geschehen war, konnten sie sich von ihrem Kaufmann ein Kuponbuch aushändigen lassen. Darauf konnte man die Waren anschreiben lassen und hatte für den Monat nur 2% Zinsen zu zahlen. Das war bequem – und es war billiger. Bis jetzt hatten sie noch kein Kuponbuch gebraucht, und Laura hatte gehofft, dass dies zu vermeiden wäre. Der Gedanke an eine Verpflichtung dieser Art verletzte ihren Stolz noch mehr als der Gedanke an einen Schuldschein der Bank. Aber man musste seinen Stolz zurückstellen, wenn man 1% Zinsen sparen konnte. Mit dieser Überlegung sollte dies Kapitel für sie abgeschlossen sein. Almanzo würde schon zurechtkommen. Die Finanzen waren seine Sache und er machte sich über sie keine Kopfschmerzen. Als der Frühling in den Sommer überging, versiegte der Regen und das Korn litt unter dem Mangel an Feuchtigkeit. Jeden Morgen schaute Almanzo hoffnungsvoll nach Anzeichen für einen Regenfall aus, aber er musste regelmäßig enttäuscht an seine Arbeit gehen.
Und nun kamen die heißen Winde wieder. Jeden Tag wehte es heiß vom Süden her. Laura empfand diese Hitze wie die heiße Luft, die ihr aus ihrem Backofen entgegenströmte, wenn sie am Backtag die Ofentür öffnete.
Die heißen Winde wehten eine ganze Woche lang, und als sie nachließen, war der junge Weizen und der junge Hafer vertrocknet, braun und tot hingen die Halme herab.

Auch die Bäume auf den 10 Morgen Baumland waren fast alle vom Wind abgetötet worden. Almanzo kam zu dem Schluss, dass es keine Hoffnung gäbe, zum dritten Mal neu gepflanzte Bäume so weit aufzuziehen, dass er den Anspruch auf seine Äcker nachweisen könne.
Jetzt war die Zeit für diesen Beweis gekommen und er konnte ihn nicht führen. Er sah nur noch einen Weg, sein Land zu retten. Er konnte ein Vorkaufsrecht eintragen lassen. Wenn Almanzo das tat, musste er sich später wieder dieser Probe stellen und der Regierung 1¼ Dollar für den Morgen zahlen. Zwar würde es schwierig sein, am Ende dieser Zeit 200 Dollar aufzutreiben, aber eine andere Möglichkeit bestand nicht. Falls Almanzo seinen Anspruch nicht eintragen ließ, würde ein anderer an seine Stelle treten. Denn wenn er die Probe nicht bestand, würde das Land an die Regierung zurückfallen und jedermann könnte es neu besiedeln.
Also nahm Almanzo das Vorkaufsrecht für seine Äcker in Anspruch. Das hatte einen Vorteil. Almanzo musste jetzt das Baumland nicht mehr bearbeiten. Hier und dort hatte ein Baum sich gegen den heißen Wind behauptet. Diese Bäume düngte Almanzo und bedeckte die Baumscheiben mit Stroh aus dem Stall. Dieses Mulden hielt den Boden feucht und würde den Bäumen beim Überleben helfen.
Dem heißen Wind folgte kein Regen, aber jetzt bildeten sich oft Wirbelsturmwolken am Himmel und trieben dahin. Es war Zyklonwetter.
An einem schwülen Nachmittag war Almanzo in die Stadt gefahren, Peter weidete die Schafe. Laura hatte ihre Hausarbeit getan und ging mit Rose auf den Weideplatz. Dort

spielte Rose an der schattigen Seite des Hauses unter einem Baum, während Laura müßig die Wolken betrachtete, mehr aus Gewohnheit als aus wirklicher Furcht, denn sie hatte sich an die ständig von Wirbelstürmen drohende Gefahr gewöhnt.
Am Morgen hatte ein starker Südwind geweht, sich dann aber gelegt und nun bemerkte Laura Wolken, die sich im Norden ballten. Sie schlossen sich zu einer massiven dunklen Wolkenwand zusammen, vor der einzelne Wolken schnell dahintrieben. Später hob sich der Wind wieder, und dann sah Laura, wie sich aus der schwarzen Wand der gefürchtete Wolkentrichter zur Erde senkte. Das Tageslicht nahm eine seltsame grüne Färbung an. Laura packte ihre Rose und rannte mit ihr ins Haus. Schnell schloss sie alle Türen und Fenster, dann lief sie in den Vorratsschuppen, um aus seinem Fenster erneut nach dem Unwetter auszuschauen.
Die Spitze des Trichters hatte nun den Erdboden erreicht, und sie sah, wie dort der Staub aufgewirbelt wurde. Als die Spitze über ein gepflügtes Feld strich, wurden die Erdschollen hochgehoben und außer Sicht getragen. Dann erfasste die Spitze einen alten Heuschober. Er stob wie ein Schatten vorbei und war verschwunden. Jetzt bewegte sich die trichterförmige Wolke auf ihr Haus zu. Schnell hob Laura die Falltür im Vorratsschuppen auf und kletterte mit Rose in den Keller hinunter, wobei sie die Falltür hinter sich herabließ. Rose fest an sich drückend schmiegte sie sich in eine dunkle Ecke und lauschte auf das Kreischen des Windes. In jedem Augenblick konnte das Haus über ihnen hochgehoben und hinweggetragen werden.

Aber nichts geschah, und nach einer Zeit, die ihr wie Stunden erschien, aber in Wirklichkeit nur ein paar Minuten gedauert haben konnte, hörte sie Almanzos Stimme, die nach ihr rief.

Laura hob die Falltür und trug Rose die Treppenstufen hinauf. Almanzo stand mit seinem Gespann im Hof und beobachtete den Wirbelsturm, der nach Westen zu nur eine Viertelmeile entfernt an ihrem Haus vorbeigezogen war. Der Sturm raste dahin und nahm auf seinem Weg Häuser und Heuschober mit, aber auf die ausgedörrte Erde fielen nur ein paar Regentropfen. Almanzo hatte in der Stadt die Bildung der Sturmwolken bemerkt und war nach Hause geeilt, damit Laura und Rose nicht allein wären.

Dies war der einzige Wirbelsturm des Jahres, aber das Wetter blieb heiß und trocken. Der 5. August war ein besonders heißer Tag. Am Mittag schickte Almanzo Peter in die Stadt, um Lauras Mutter zu holen. Um 4 Uhr nachmittags musste Peter wieder in die Stadt eilen, diesmal ritt er auf seinem Pony zum Doktor. Aber Almanzos und Lauras Sohn kam auf die Welt, ehe der Doktor das Haus erreichte.

Laura war auf ihr Baby stolz, aber seltsamerweise war ihre Bindung an Rose stärker denn je. Der Ruhe wegen wurde Rose von ihrer Mutter fern gehalten, und eine Dienstmagd sorgte für sie, so gut sie konnte. Als Laura darauf bestand, ihre Rose zu sehen, brachte die Magd Rose herein, ein kleines scheues Ding mit einem runden Babygesicht, das den kleinen Bruder sehen wollte.

Danach erholte Laura sich schnell und nahm bald wieder am Leben außerhalb ihres Zimmers teil. An den Geräuschen konnte sie erkennen, was da vor sich ging.

Eines Tages kam Peter an ihre Zimmertür, um ihr einen guten Morgen zu wünschen. In seinem Hutband steckte eine lange Feder, die über seinem gutmütigen Gesicht auf und nieder tanzte. Das sah so komisch aus, dass Laura laut lachen musste.

Dann hörte sie, wie Peter mit seinem Pony sprach und nach seinem Hund rief, und sie wusste, dass Peter mit den Schafen auf die Weide ging. Er sang:

> Was sagst du, ist sie nicht wundervoll?
> Und sie trägt auch den schönsten Namen!
> Ich liebe sie innig, ja wirklich toll,
> meine süße rosige kleine
> Jenny Jerusha Jane.

Und Laura wusste auch, dass Peter und seine Schafe bis zum Einbruch der Dunkelheit unterwegs sein würden.

Dann hörte sie, wie Rose mit ihren Lieblingslämmern spielte. Sie waren in der Zwischenzeit herangewachsen; drei Lämmchen gingen schon mit den großen Schafen auf die Weide, nur die beiden kleinsten blieben noch auf dem Weideplatz, wo sie gefüttert wurden und Rose mit ihnen spielen konnte. Oft stießen sie Rose um, aber auch das gehörte zum Spiel. Später hörte Laura, wie die Magd kurz angebunden Rose das Butterbrot abschlug, um das sie gebeten hatte.

Das konnte Laura nicht ertragen, und sie sorgte von ihrem Bett aus dafür, dass Rose ihr Butterbrot bekam. Laura fühlte, dass sie schnell wieder zu Kräften kommen musste. Rose durfte nicht von einer Dienstmagd derb angefasst werden, die noch dazu 5 Dollar Wochenlohn erhielt. Das

musste so schnell wie möglich ein Ende haben, denn bald musste wieder ein Schuldschein eingelöst werden.
Zwei Wochen später konnte Laura ihr Haus wieder selbst versorgen, als eines Tages ihr Baby von Krämpfen befallen wurde und so schnell starb, dass der eilig gerufene Arzt zu spät kam.
Die folgenden Tage erlebte Laura gnadenvoll in einem dichten Nebel. Sie war wie betäubt und wünschte nur Ruhe für Körper und Geist.
Aber die Zeit drängte. Wieder war die Zeit des Heuens gekommen und Almanzo, Peter und ein Hütejunge mussten ihr Essen haben. Sie musste auch für Rose sorgen und die zahllosen kleinen Aufgaben des Haushalts bewältigen.
Die Ernte an Heu würde kaum den eigenen Bedarf decken, denn der Sommer war so trocken gewesen, dass selbst das wilde Präriegras nur kümmerlich gewachsen war. Aber sie hatten nun mehr Schafe, Kühe und Pferde und die Heuernte hätte größer anstatt kleiner sein müssen.
Eine Woche später setzten Almanzo und Peter auf einem zwei Meilen entfernten Feld das Heu auf. Im Küchenherd entfachte Laura das Feuer für das Mittagessen. Im Sommer heizte sie den Herd mit altem, langem, harten Heu. Almanzo hatte einen Arm voll in die Küche getragen und neben den Herd gelegt. Nachdem das Feuer angezündet und der Teekessel auf den Ofen gestellt worden war, ging Laura in den anderen Teil des Hauses und machte die Küchentür hinter sich zu.
Als sie die Tür nach ein paar Minuten wieder öffnete, stand die Küche in hellen Flammen. Das Heu, die Decke, die Wände und die Dielen – alles brannte.

Wie immer blies ein starker Südwind, und als die Nachbarn zu Hilfe kamen, brannte schon das ganze Haus.
Auch Almanzo und Peter hatten das Feuer gesehen und kamen eiligst mit den Pferden und einer Heuladung zurück. Laura hatte einen Eimer Wasser auf das brennende Heu geschüttet, und dann, da sie wusste, dass sie noch nicht kräftig genug war, um mit der Pumpe mehr Wasser zu holen, hatte sie die kleine Kassette mit den Dokumenten und Verträgen aus dem Schlafzimmer geholt und war mit Rose an der Hand aus dem Haus gerannt. In der halbkreisförmigen Auffahrt vor dem Haus hatte sie sich zu Boden geworfen.
Sie barg ihr Gesicht in den Händen und schluchzte und seufzte immer wieder: »Was wird Almanzo sagen, was wird Almanzo sagen?« So fand Almanzo Laura und Rose, als gerade das Dach einfiel.
Die Nachbarn hatten getan, was sie nur konnten, aber das Feuer war so wütend, dass sie nicht ins Haus einzudringen vermochten. Nur Mr Sheldon war in den Vorratsraum gekommen und hatte einiges Küchengerät auf den Hof hinausgeworfen, sodass die silbernen Hochzeitsbestecke in ihren Hüllen gerettet worden waren. Sonst hatte wenig aus dem Feuer gerettet werden können, nur die Kassette, etwas Arbeitskleidung, drei Teller und die ovale Glasplatte mit den eingeprägten Worten »Unser täglich Brot gib uns heute«.
Die Bäume, die sie am Haus gepflanzt hatten, standen versengt, geschwärzt und tot ums offene Kellerloch.
Nach dem Feuer konnte sich Laura ein paar Tage lang bei ihren Eltern aufhalten. Das Feuer hatte ihre Kopfhaut

versengt und Blasen gezogen, und auch ihre Augen hatten gelitten. Der Arzt sagte, dass die Hitze ihre Nerven mitgenommen habe, und so ruhte sie sich etwas im alten Heim aus, aber am Ende der Woche holte Almanzo sie zurück.

Mr Sheldon brauchte eine Haushälterin und nahm Almanzo und Laura voll in sein Haus auf; die Gegenleistung war, dass Laura für ihn und seinen Bruder sorgen musste. Jetzt hatte Laura so viel Arbeit, dass ihr keine Zeit für Sorgen und Gedanken blieb. Sie musste für vier Männer und Rose schaffen, solange das Heumachen währte, wobei Almanzo und Peter neben dieser Arbeit daran waren, eine lange Hütte mit drei hintereinander liegenden Zimmern nahe der Ruine ihres alten Hauses zu errichten. Die Hüttenwand hatte nur die Stärke eines Baumstammes, aber sie wurde außen mit Teerpappe abgedichtet und war sehr solide gefügt. Da sie neu war, würde man sich auch hier geborgen und warm fühlen.

Die Septembernächte brachten Kälte, als das neue Haus fertig gestellt war und bezogen werden konnte. Über all diesen Belastungen war der 25. August unbemerkt vorübergegangen und das Jahr der Prüfungen hatte sein Ende gefunden.

Hatten ihre vier Jahre Farmarbeit zum Erfolg geführt? »Es kommt ganz darauf an, von welcher Seite aus man unsere Sache betrachtet«, sagte Almanzo, als Laura ihm diese Frage stellte.

Sie hatten viel Unglück gehabt – aber jeder Mensch war von Missgeschick bedroht, auch wenn er kein Farmer war. Jedenfalls hatten sie nun so viel trockene Jahre hinterei-

nander erlebt, dass die nächste Ernte bestimmt gut ausfallen würde.
Die Tierhaltung hatte sich gelohnt. Im Frühjahr konnten sie die zwei ältesten Fohlen verkaufen. Neu eingetroffene Siedler wollten sie ihnen gerne abnehmen und dazu wuchsen mehrere junge Fohlen heran. Ferner standen mehrere Jungochsen zum Verkauf bereit und sie konnten mit Leichtigkeit zwölf oder dreizehn Dollar für den Ochsen erzielen. Da waren auch noch die Schafe. Es waren zweimal so viel als im Jahr zuvor und einige Lämmer und die sechs alten Schafe konnten sie ebenfalls verkaufen. Weil sie ihr neues Haus ohne große Geldausgaben selbst erbaut hatten, hatten sie Geld gespart, das ihnen beim endgültigen Erwerb ihres Landes helfen würde.
Vielleicht waren die Schafe die Lösung ihres Problems. »Wir werden unsere gute Ordnung finden, denn am Ende gleicht sich alles aus. Du wirst es sehen«, sagte Almanzo, als er in den Stall ging. Laura folgte ihm mit den Augen und dachte: »So ist es. Alles gleicht sich zu seiner Zeit aus. Die Reichen haben ihr Eis im Sommer und die Armen das ihre im Winter. Und auch unser Eis wird bald da sein.« Der Winter meldete sich an und vor den Ruinen ihres lieben kleinen Hauses begannen sie noch einmal aus dem Nichts heraus. Ihr Geldvorrat reichte gerade aus, ihre Schulden zu begleichen, wenn er überhaupt so weit reichte. Aber wenn sie sich irgendwo 200 Dollar leihen konnten, würde das Land endlich ihnen gehören, und Almanzo hoffte, das zu schaffen.
Es würde eine immer währende Anstrengung bedeuten, um am Ende den Kampf mit dem Boden zu gewinnen, aber

gerade aus diesem Wissen fühlte Laura ihre Kräfte wachsen.

Der unheilbare Optimismus des Farmers, der in jedem Frühjahr seine Saat aufs Neue der Erde anvertraut und hofft, dass die Elemente mithelfen werden, schien unlösbar mit dem Glauben der Pioniervåter verbunden, dem Glauben »Weiter, immer nur weiter, vor uns liegt das Bessere.« Sie bedachten nur nicht, dass das Bessere nicht im Raum, sondern in der Zeit vor ihnen lag, mehr vor dem Horizont der Jahre denn vor dem fernen räumlichen Horizont im Westen.

Aber auch Laura fühlte sich stets noch als eine Pionierfrau, und sie konnte Almanzos Liebe zur nährenden Erde verstehen, denn auch sie spürte ihre unerschöpfliche Kraft.

»Es ist gut«, sagte Laura vor sich hin und zog die Summe der vier Jahre in einer Redensart ihrer Mutter: »Wir werden immer Farmer sein, denn was die Knochen zusammenhält, wird auch Fleisch werden.« Laura musste lächeln, als Almanzo aus dem Stall kam. Sie hörte ihn singen:

> Ihr schwärmt von Australiens Minen,
> sie wären so reich an Gold.
> Aber auf jeder Farm liegt Gold, Jungens –
> wenn ihr's nur aufheben wollt.